일본에서
일하고 싶다면 —

일본에서 일하고 싶다면

김보경 지음

한 권으로 끝내는 일본 취업 A to Z

생각의힘

추천의 글

올바른 분석과 노하우를 담아낸, 일본 취업을 위한 최고의 안내서! 100% 자신 있게 추천한다.

— 다나카 마사시, 전前 덴츠코리아 CEO, 현現 서울재팬클럽SJC 이사

글로벌 시대의 일자리는 국경을 넘나듭니다. 특히 일본은 우리 젊은 이들이 일자리를 찾는 데 가장 가까운 이웃이 되어가고 있습니다. 그 과정에서 이 책이 좋은 길잡이가 되길 소망합니다.

— 최용민, 한국무역협회 경영관리본부장

순수한 목적에 열정이 더해졌을 때, 종종 우리는 그것이 예상치 못한 좋은 결과로 이어지는 것을 보곤 한다. 취업이 어려운 한국의 대학생들에게 도움을 주고자 하는 마음에서 시작한 일이 이렇게 사회의 흐름과 일치하는 때를 만나 성공하게 된 것은, 김보경 대표의 선의의 목적과

본질을 보려는 마음, 치열함, 용기에서 기인한 결과임을 나는 알게 되었다. 앞으로도 김보경 대표와 마이나비코리아가 일본 취업을 고려하는 이들에게 믿음직한 가교 역할을 해줄 것을 기대한다.

— 황재웅, YBM어학원 일본어종로 원장

취업은 인생의 중요한 선택이다. 이렇게 중요한 길목에서 좋은 안내자를 만나는 것은 행운이다. 이 책은 언어도 잘 통하지 않는 낯선 땅에서 막막함으로 일본 취업을 준비하는 대학생과 한층 넓은 곳에서의 새로운 도약을 꿈꾸는 한국 청년들에게 내비게이션이 되어줄 책이다.

일본 취업을 준비하기 시작하는 과정부터 일본의 산업 동향과 기업 정보는 물론 취업 전형에서의 실전 대비와 합격 전략까지, 일본 취업 전 과정에 대한 로드맵을 제시한다. 김보경 대표의 생생한 경험담과 실전 노하우가 담긴 이 책이 많은 사람들의 일본 취업을 성공으로 이끄는 일등공신이 될 것이라고 확신한다.

— 임상철, (사)한국능률협회 상무

들어가며

　지금은 마이나비코리아의 대표지만 나 또한 첫 시작은 일본 본사의 신입사원이었다. 그 때문인지 이 책을 쓰는 데 일본에서 먼저 취업한 선배로서 후배들에게 조금이나마 도움을 주고 싶은 마음도 컸다.

　"로마에 가면 로마법을 따르라!"라는 말은 간단하지만 생활 터전을 바꾸는 일은 쉽지 않다. 따라서 일본 취업을 이야기하며 보여주기 식의 꿈같은 얘기보다는 현실적인 방향성을 제시할 수 있도록, 거품 없이 정확한 정보를 전달하는 데 집중했다. 《일본에서 일하고 싶다면》은 일본 현지 신입 정규직 취업을 목표로 하는 사람들에게 한국 내에서의 준비 방법은 물론 일본의 채용 일정과 그에 맞는 각종 정보들을 종합적으로 제공하고자 노력한 책이다.

　직업이 직업이니만큼, 월 1회 일본 본사를 방문하며 일본 취업의 동향을 직접 눈으로 파악하고 있다. 지금 일본의 고용 시장은 경기가 좋아 일할 사람이 더 많이 필요한데 생산연령인구는 감소하며 해외의 인재들에게로 눈길을 돌리고 있다. 이러한 상황에서 외환 위기 이후 가장 높은 수준의 청년 실업률(10%)을 기록하고 있는 한국의 청년들이라면 체감 실업률 0%인 일본에서의 취업을 기회로 생각할 수 있는 상황인 것이다.

나 자신의 일본 취업 경험은 물론 다년간의 채용 컨설팅 경험을 통해 한국 인재들의 일본 취업 가능성은 높다고 판단한다. 하지만 한국에는 일본 취업에 대한 잘못된 정보가 적지 않아 많은 한국 청년들이 일본 취업에 대해 오해를 하고 있는 것 같다. 또한 그 오해를 풀기 위한 창구도 부족하다는 점을 발견했다. 인재 채용 전문가로서의 입장과 일본 기업에서 일하는 한국인 선배로서의 입장을 모두 겪었기에, 실제 경험과 사례들을 공유함으로써 많은 독자들에게 이 책이 조금이라도 도움이 되었으면 하는 바람이다. 일본 취업, 또는 좀 더 장기적인 계획을 세우고 유학까지 목표로 하는 독자들에게 가능한 한 솔직하고, 실용적인 이야기를 전하고자 노력했다.

일본에 유학을 가거나 취업하는 것이 누군가에게는 큰 기회가 될 수도 있지만 누군가에게는 독이 될 수도 있다고 생각한다. 내 경우에는 결과적으로 '일본 기업의 한국인 임원'이라는 타이틀이 붙은 이후에 일본 유학과 일본 취업이라는 선택지가 '성공적이었다'는 말로 정리되기 시작했다. 그 전까지의 길은 저 멀리 단춧구멍만큼 작은 빛이 보이는, 아무리 걸어도 그 빛에 닿을 것 같지 않은 터널 안에 있는 듯했다. 그러다 빛에 닿은 것도 잠시, 2017년부터는 임원 자리를 지키기 위한 새로운 터널이 시작됐다. 경험이 쌓이면서 저 멀리 출구로 보이는 빛의 크기와 터널의 모양새가 달라진 것 같기는 하다.

당연한 이야기겠지만 우리의 삶은 '취업 성공'에서 끝나지 않는다. 일본 취업에 성공하고 나서도 일에서는 물론 생활에서도 한국에서는 고민하지 않아도 될 수많은 상황에 직면하게 될 것이다. 그리고 그때마다 '일본'과 나 사이에 경계선을 그으며 합리화하거나 피해버리고 싶은 생각도 수시로 들 것이다. 그러니 일본으로의 취업은 내가 꼭 그 기업에 있어야 하는 이유, 다시 말해 타인의 기준이 아닌 스스로가 설정한 기준을 가지고 자신의 목적과 본질에 집중하는 것이 무엇보다 중요하다. 성공이라는 결과물은 아마 자연스럽게 따라올 것이다.

2012년 〈강남스타일〉로 세계적인 히트를 친 싸이는 어느 인터뷰에서 "지치면 지는 겁니다. 미치면 이기는 겁니다. 3독, 즉 지독하게 중독되어 고독한 길을 가다 보면 생각지도 않은 기회가 오게 됩니다"라고 말했다. 3독이 가능하려면 어떤 길이어야 할까. 아마 그 누구와도 비교하지 않은 길, 사회의 시선을 의식하지 않은 길, 나의 적성에 맞는 길이어야 할 것이다. 흔히들 얘기하는 '좋은 직업'이 아니라 내가 원하고 나에게 꼭 맞는 꿈을 찾기 위한 길. 그런 길이라면 한번 미쳐보는 것도 좋지 않을까?

1부

마이나비의 첫 외국인 신입사원에서 대표이사가 되기까지

2부
일본은
구인난?

3부
일본 취업,
철저한 준비만이 살길이다

4부

일본의 기업문화, 그리고 생활

마이나비의
첫 외국인 신입사원에서
대표이사가 되기까지

1

나는 어쩌다 일본으로 갔나

"일본 기업에서 임원까지 될 수 있었던 전략은 무엇인가요?

"저는 평범한 외국인 사원이었습니다. 운이 좋았어요."

"그래도 뭔가 비밀 전략이 있지 않았나요?"

"음… 없습니다. 아, 모든 현상의 본질에 집중하고자 노력하고 그 누구보다 최선을 다했다는 것만큼은 당당하게 말할 수 있습니다."

요즘 내가 가장 많이 받는 질문과 그에 대한 답변이다. 마치 수석으로 상위권 대학에 입학한 학생이 "교과서 위주로 공부했어요" 하는 것과 같이 진부한 답이다. 하지만 정말 특별한 건 없었다. 굳이 하나를 꼽자면 어떻게 하면 잘할 수 있을지 항상 고민을 달고 살았다는 것 정도다. 아무리 생각해봐도 내가 일본 기업에서 임원이 된 것은 자연스럽게 따라온 결과에 지나지 않는다.

내가 일본에 간 건 부모님, 형제, 선생님 그 누구의 강요도 아닌 내 인생에서 스스로 생각하고 판단해 내린 첫 결정이었다. '내 결정이 틀린 건 아닐까'라는 생각은 했었지만 내 결정이기에 누구도 탓할 수 없었다. 그렇다면 할 수 있는 건 이 결정이 맞다는 걸 보란 듯이 증명하는 일뿐이었다. 마치 증빙 자료를 수집하는 것처럼 최선을 다했다. 그렇게 지내다 보니 운 좋게도 특별한 사원이, 임원이 된 게 아닐까 한다.

우연히 접한 매력적인 문자 히라가나

우여곡절 없는 인생이 얼마나 있을까. 잔잔한 시냇물이 흐르듯 평화롭고 평범한 일상이 남의 일이 된 건 초등학교 2학년 때였다. 한마디로 '우리 집이 망했다.' 부모님의 사업이 잘되어 아무 걱정 없이 유복하게 지내던 우리 가족은 한순간에 쪽방으로 쫓겨났고, 가족은 뿔뿔이 흩어졌다. 그렇게 나의 유년 시절은 불안과 불편의 연속이었다.

정확한 시점이 기억나지는 않지만, 중학생 때 일본에 관심을 가지게 되었다. 좀 더 정확히 말하면 '일본'이 아닌 '일본어'에 매료되었다. 우연히 접한 일본어 히라가나의 동글동글한 문자가 귀엽게 느껴졌다. 마침 한창 한자 외우기에 빠져 있을 때였기 때문에 한자와 히라가나를 같이 쓰는 일본어에 더 쉽게 매력을 느낀 듯하다.

히라가나의 매력은 그때까지 나를 사로잡았던 다른 무엇보다도 강렬했다. 2001년은 중국이 세계무역기구WTO에 가입하면서 중국 경제

성장의 기대치가 커지며 중국어 열풍이 막 불기 시작하던 때였다. 친구들은 하나둘 중국어를 공부하기 시작했고, 중국 유학을 목표로 하는 사람들도 늘어났다. 이런 상황에 일본어라니! 부모님은 갑작스런 나의 일본어 열정에 반기를 드셨다. 잠깐의 흥미일 뿐이니 영어 공부나 제대로 하라는 얘기였다. 결국 난 용돈을 모아 책 한 권을 사서 독학으로 공부를 시작했다.

그리고 내 생각이 맞았다. 일본어를 하면 할수록 흥미는 커져만 갔고, 열정도 더해졌다. 들쑥날쑥한 억양이며 단어 하나하나의 발음까지 매력적이기만 했다. 그렇게 일본어에 대한 관심이 커져갈수록 그 언어로 말하고 싶고 일본인과 대화하고 싶은 마음도 커져갔다. 막연히 일본에서 생활하고 싶다는 꿈을 품게 되었다.

드디어 일본에 가다!

내가 들어간 고등학교에서는 제2외국어로 일본어를 선택할 수 있었다. 내 선택은 당연히 일본어. 게다가 1학년 수학여행 장소도 일본이었다. 야호! 쾌재를 불렀다. 드디어 꿈꾸던 일본에 가게 된 것이다!

첫 해외여행이기도 했던 수학여행은 모든 것이 신기했다. 익숙한 것이라곤 없는 낯선 장소에서 설렘과 두려움에 잠시 정신을 팔다가 선생님을 따라잡기 바빴다. 그러다 이내 형형색색의 간판에 적힌 동글동글하고 예쁜 히라가나가 눈에 들어오기 시작했다. 지나가는 일본인들의 대화에 귀가 먼저 반응했고, 곧 온몸의 신경이 곤두섰다. 모든 신경을 끌어와 현지인들의 대화를 알아들으려고 노력했다. 아는 단어나 문장이 들리면 그걸 이해하고 있는 내 자신이 신기하고 놀랍기까지 했다. 모든 것이 짜릿했다.

아직은 많이 서툴렀고 겁도 났기에 차마 말을 걸지는 못했다. 그러다가 친구와 어느 관광지에서 사진을 찍게 되었고 용기를 내어 지나가던 일본인 아저씨에게 말을 걸었다. 아저씨는 내게 어디서 왔는지, 한국은 뭐가 유명한지 등을 물어왔다. 어디에서 그런 용기가 났는지 이때다 싶어 그동안 혼자서 익힌 일본어 단어와 일본어 자격증을 따기 위해 공부했던 문법, 일본 드라마를 보면서 외웠던 문장을 총동원해서 대화를 이어나갔다. 전달이 되고 있는지 아닌지도 모른 채 그냥 주절주절 신나서 이야기했다. 당시에는 나름 한국을 알렸다는 뿌듯함에 국위 선양이라도 한 듯 우쭐했다. 그동안 공부한 일본어 실력을 유감없이 발휘한 위대한 날!

그리고 더 놀라운 일이 벌어졌다.

출국 날, 호텔 로비에 내 앞으로 온 선물이 있었다. 다름 아닌 그 일본인 아저씨가 보낸 것이었다. 내가 묵고 있던 호텔에 선물을 맡기고 간 거였다. 꽃받침 같은 하얀 접시에는 "기무상을 통해 한국에 대해 알게 되어 기뻤어. 앞으로 일본어 공부를 열심히 하렴"이라는 메시지가 담겨 있었다. 짤막한 일본어 실력으로 한국을 알렸다는 사실에 소소한 성취감을 느끼면서도, 부족한 일본어 실력의 한계를 느끼게 해준 경험이었다.

수학여행을 다녀온 후 한국에서도 일본 현지인과 이야기를 나눌 수 있는 방법은 없을지 고민했다. 가장 손쉬운 방법은 펜팔이었다. 우선 가까운 곳부터 찾아봤다. 안타깝게도 우리 가족 중에는 친척에 이종사촌을 다 포함해도 일본은커녕 해외에 진출해 있는 가족이 단 한 명도 없었다. 주변을 수소문해서 친구의 친척의 친척이 한 일본인을 소개해 주었다. 드디어 일본 현지인과 펜팔을 주고받을 수 있게 됐다. 요즘은 SNS를 통해서 간단하게 일본인과 어울릴 수 있지만, 당시에는 편지를 주고받는 게 내가 할 수 있는 유일한 방법이었다.

펜팔과 함께 공부를 하면 할수록 내 실력의 한계를 느꼈고, 그만큼 욕심이 더해졌다. 그러던 어느 날, 이 답답함과 부족함을 채우려면 일본 유학을 가는 것이 최선이라는 결론을 내렸다. 나는 곧바로 일본 유학을 결심하고 종로에 있는 일본어 학원에 등록했다. 한 타임의 수업만으로는 부족해 오전반 6시, 저녁반 7시 두 개 수업을 들었다. 하루 2회 6시간을 투자하는 고된 일정이었지만 수업을 들을 수 있다는 것 자체로 놀이터에 가는 것처럼 즐거웠다.

유학을 결심하고 대학을 알아보던 중, 도쿄외국어대학교가 눈에 들어왔다. 국립대학교라 학비도 저렴하고, 우리나라의 국문학과에 해당하는 일본어학과에는 외국인 전형도 있었다. 한국에서 국문학과에 들어가는 것과 동일하게 일본어 수업을 들을 수 있다는 얘기에 그날로 목표를 정하고 입시 준비에 들어갔다.

일본 유학 준비

도쿄외국어대학교 입시는 일본유학시험EJU의 일본어 점수와 외대 자체 시험(일본어, 세계사 또는 일본사, 영어) 점수의 합산으로 결정된다. 일본어는 그렇다 치고, 세계사나 일본사를 준비하는 것이 문제였다. 먼저 일본으로 건너가 대학교 입시반에 등록했다. 도쿄 오모테산도에 있는 대학교 입시반에서 오전 8시부터 오후 6까지 입시 준비 수업을 받았다. 수업이 끝나면 바로 도서관에 가서 문을 닫을 때까지 공부했다. 공부를 하다 보니 어휘력과 관련 지식 부족으로 일본유학시험의 기술記述시험을 푸는 데 너무 많은 시간이 소요됐다. 실제 시험이라면 남은 시간으로는 객관식 문제를 모두 풀 수 없을 정도였다. 기술시험을 얼마나 짧은 시간에 해결하느냐가 관건이었기에 나름대로 나만의 방안을 찾아냈다. 이는 지금도 유효한 방법이라 참고자료로 첨부해두었다. 혹시 관련 시험을 준비하는 사람이라면 잘 활용하면 좋겠다.

대학교 자체 시험 준비

외대 입시에서는 일본유학시험뿐만 아니라 자체 시험도 꽤 큰 비중을 차지한다. 나는 일본어, 일본사, 영어 3과목을 준비했다. 과거 15년간의 기출문제를 반복적으로 풀어봄으로써 시험 유형과 출제 경향을 분석했다. 일본어는 일본유학시험의 기술시험과 같이 준비했고, 일본사는 일본 고등학교에서 쓰는 교과서를 구입해 교과서 위주로 공부했다.

그때는 어디서 그런 용기가 났는지 다른 대학교는 쳐다보지도 않았다. 오로지 도쿄외국어대학교 한곳만을 목표로 했고, 그곳만 바라보고 준비했다.

그리고 정말 다행히도, 합격했다.

일본 유학 생활

꿈꾸던 일본 유학 생활! 쉼 없이 달려온 내게 휴식을 줄 틈도 없이 바쁜 유학 생활이 시작되었다. 한국의 대학생들도 마찬가지겠지만, 당시 일본에 유학 온 많은 한국 학생들은 생계를 위해 아르바이트를 놓을 수 없었다. 나 또한 마찬가지였다. 학교 앞 빵집부터 한국어 과외와 통역까지 틈틈이 아르바이트를 하며 학교 수업을 따라갔다.

대학교 2학년 후반부터는 경영학에 관심이 생겨 관련 수업을 모두 찾아 들었는데, 여전히 부족하다고 느껴졌다. 나는 곧 국립 히토츠바시대학교에 단위교환제도를 신청해서 3학년은 히토츠바시대학교 상경학부에서 경영학을 배웠다. 이외에도 학교에서 운영하는 다양한 제도들이 있었지만, 아르바이트를 병행하는 빠듯한 생활에서 그러한 혜택들을 찾아 누리기란 쉬운 일이 아니었다.

최근 일본에서는 취업 준비를 본격적으로 시작하는 시기가 대학교 4학년으로 늦춰졌지만 당시(2010년)에는 3학년 10월부터 본격적인 취업 준비를 시작했다. 3학년 2학기가 시작되면서 나도 취업 걱정을 하기 시작했다. 인생을 앞으로 어떻게 계획해야 할지, 이대로 일본에서 취업을 해야 할지, 한국으로 귀국해서 취업을 해야 할지, 아니면 대학원에 가야 할지, 그것도 아니면 제3의 나라로 다시 유학을 가야 할지…. 유학생이라면 누구나 한 번쯤은 고민해봤을 테지만, 답을 찾기란 쉬운 일이 아니었다.

그때 한 선배가 대학교에서 누릴 수 있는 모든 혜택을 누리라며 진심 어린 조언을 해주었다. 그리고 다시, 지금 바로 앞에 놓인 현실에서 내게 주어진 혜택을 찾기 시작했다. 외국인 유학생도 교환학생을 신청할 수 있다는 말에 싱가포르국립대학교에 교환학생을 신청했다. 다행히 좋은 결과를 얻어 4학년 때는 싱가포르로 유학을 가게 되었다.

도쿄외대에서 보낸 유학 생활의 가장 큰 장점은 미국, 브라질, 러시아 등 다양한 국적의 외국인 유학생들과 어울려 지낼 수 있었던 거였다. 이러한 생활은 한국과 일본밖에 알지 못했던 내 작은 세계를 크게 확장시켜주었고, 여러 나라의 문화를 접하는 경험을 가능하게 했다. 싱가포르 유학 경험은 그 세계를 한층 폭넓고 깊이 있게 만들어주었다.

지금이야 유학 시절을 돌이켜보며 열정과 자부심으로 어려움을 이겨낸 좋은 기억이라 여기지만, 당시에는 돈 없는 유학생으로 눈물겨운 하루하루를 보냈다. 장학금을 받아 학비를 내려면 좋은 성적을 유지해야 했지만 생계가 걸린 아르바이트를 쉴 수 없었다. 2년에 1번씩 유학 비자를 갱신하는 때가 오면 이렇게 힘든데도 계속 일본에 있어야 하는 이유에 대해서 고민할 수밖에 없었다. 어쩌면 그 치열함이 부단히 노력하는 힘을 만들어냈는지도 모른다. 또한 내가 누릴 수 있는 혜택을 놓치지 않고 쟁취할 수 있는 용기를 주었는지도 모른다.

일본유학시험 기술시험, 10분 안에 끝내기

잠깐!

2018년 6월 기준, 779개의 일본 대학교 중 65%의 학교는 외국인 유학생 입학 조건에 일본유학시험 점수를 반영하고 있다. 특히 국립대의 경우 92%의 학교가 외국인 유학생 입학 전형에 일본유학시험을 포함하고 있으므로, 일본 유학을 생각한다면 일본유학시험은 필수로 준비해야 하는 시험이다.

참고: JASSO 2014~2018년 6월 EJU 실시 결과

1. 많은 토픽과 다양한 견해를 접하기

일본유학시험의 기술시험에서 주어지는 시간은 단 30분이다. 이 시간 안에 답안을 내려면 20분 내로 독해를 마치고 10분 내로 작문을 완성해야 한다.

내가 준비한 방법은 일본 고등학생들이 대학 입시를 위해 필독한다는 〈아사히신문朝日新聞〉의 '천성인어天声人語'라는 사설을 하루에 2개씩 읽고 해석하는 것이었다. 일본 현지에서 일어나는 사회현상에 대한 현지의 견해를 파악할 수 있고, 세련된 일본어 표현을 배울 수 있어 많은 도움이 됐다. 입시 준비뿐만 아니라 상식으로 알아두면 일본 기업의 면접에서도 많은 도움이 될 테니 적극 추천한다.

2. 나만의 사전으로 어려운 어휘 익히기

어휘 익히기에는 자신만의 사전을 만드는 걸 추천한다. 나 또한 이 방법을 사용했다. 이미 알고 있는 어휘는 굳이 따로 정리하지 않아도 되고 모르는 어휘 위주로 정리해 언제든지 쉽게 찾아볼 수 있도록 한다. 사회현상에 대한 다양한 의견을 모을 수 있는 신문의 사설 부분은 별도로 스크랩했다. 나만의 사전을 만들다 보면 항상 같은 단어가 외워지지 않는다는 걸 알 수 있는데, 그런 단어나 관련된 표현은 방 이곳저곳에 외울 때까지 붙여 놓자. 경험상 매우 효과가 있는 방법이다.

3. 기출문제로 실전 연습

답안 작성이 비교적 쉬운 주제와 어려운 주제로 문제를 구분해 잘 안 풀리는 주제를 집중적으로 분석했다. 그러고 나서 모든 주제에 대해 10분 내에 기계적으로 기술할 수 있도록 스스로를 단련시켰다.

일본유학시험 일본어 과목인 독해, 청독해, 청해, 기술 중 사람마다 어려운 과목이 있을 것이다. 그게 왜 안 되는지, 본인이 약한 분야가 무엇인지를 세분화해서 분석해야 한다. 그러다 보면 고득점도 남의 얘기는 아닐 것이다.

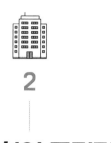

2

일본 취업 도전기

온·오프라인 동시 공략! 한국인 채용 기업 찾기

일본에서 취업하기로 결심한 이후, 일단 주변에 있는 지인들을 통해 정보를 얻기로 했다. 내가 알고 있는 현지 일본인을 비롯해 외국인 유학생, 선후배들에게 취업 준비 방법과 비법을 물었다.

가장 먼저 해야 할 일은 마이나비와 리쿠나비에 등록하는 것이었다. 일본은 한국과 다르게 매년 신입사원 채용을 위한 온라인 취업 정보 사이트가 따로 열리는데, 사이트의 이름은 입사 연도에 따라 '마이나비 2019'와 같은 식으로 구분된다.

회원 등록까지는 수월했다. 그런데 현지 취업 정보 사이트에서 외국인, 그것도 한국인 채용 수요가 있는 기업을 찾기란 여간 어려운 일이 아니었다. 검색창에 '한국', '한국인', '해외', '글로벌', '외국인' 등 일본 사회에서 나를 지칭하는 단어들을 검색해봤지만 관련 정보는 쉽게 눈에 들어오지 않았다. 우리나라도 마찬가지이지만 일본도 각 기업들이 직접 채용 공고를 기입하는 방식이기 때문에 외국인 채용 수요가 있는 기업들이 채용 공고에 관련 단어들을 명확히 써놓지 않으면 아무리 검색을 해도 찾을 도리가 없었다. 몇 개의 기업을 찾는다 하더라도 어느 기업에 한국인 유학생 채용 수요가 있는지를 알아내는 것은 더욱 어려운 일이었다.

그래서 찾은 두 번째 방법은 오프라인 채용박람회에 참여하는 것이었다. 일본은 아직까지도 오프라인 채용박람회, 즉 설명회와 면접이 동시에 열리는 채용 이벤트가 활발히 열리고 있다. 나는 당시에 각종 취업박람회는 물론이고 외국인 유학생이나 일본인 유학 경험자를 대상으로 하는 글로벌 인재 채용박람회에도 참가했다. 기회가 될 만한 것은 어떠한 것도 놓칠 수 없었다. 온라인 채용 정보를 통해서도 많은 정보를 얻을 수 있지만, 채용박람회를 통해 직접 부딪쳐보는 경험은 또 다르다. 그렇다고 해서 곧바로 취업에 성공한 건 아니었지만, 그 모든 것이 취업할 수 있는 기반이 되었다는 사실도 부인할 수 없다.

내가 일본에서 채용 정보를 찾은 방법을 정리하면 다음과 같다. 이 방법은 지금도 크게 다르지 않다.

① 일본 최대 취업 정보 사이트 마이나비 또는 리쿠나비

우리나라의 취업 정보 사이트는 채용 정보를 제공하는 데 중점을 두는 경향이 큰 반면, 일본의 취업 정보 사이트는 각 기업별 채용 컨설팅을 포함한 채용 종합 서비스를 제공하는 경향이 강하다. 따라서 취업 정보 사이트가 구직자 모집은 물론, 설명회 접수, 서류, 면접, 적성검사까지 채용 전형 전반에 걸쳐 활용된다.

채용 기업들은 신입사원 채용 시 취업 정보 사이트 분야에서 인지도가 가장 높은 마이나비와 리쿠나비를 기본 플랫폼으로 사용하는 경우가 많으며 기업에 따라서 두 개의 사이트를 모두 사용하거나, 어느 한쪽만 사용하기도 한다.

② 교내/교외에서 개최되는 취업설명회 참가

대학이나 마이나비와 같은 채용 관련 회사에서 취업설명회를 주최한다. 일본 경단련(경제단체연합회)에서 지정한 신입 채용 지침서에 따라 3월 1일부터 채용 정보가 오픈되고, 6월 1일부터 전형이 본격화된다.* 이 시기에 맞춰 3월 1일부터 일본 전역에서 취업박람회가 대대적으로 열리는 만큼 취업 정보 사이트를 통해 자세한 일정을 확인해야 한다. 또한 채용 기업이 개별적으로 개최하는 설명회도 있고, 지원 조건으로 설명회 참가를 필수로 제시하는 기업들도 있으니, 특히 이 부분에 주의해야 한다.

Tip
경단련은 2020년 졸업생 대상 신입 채용 일정까지는 동일하게 진행하나, 2021년도부터는 이러한 지침을 폐지할 의향을 표명했다. 2022년 채용 일정부터는 일본 정부의 주도하에 논의될 예정이라고 한다.

③ 외국인 유학생 또는 글로벌 인재 대상 채용박람회 참가

상기 ②의 설명회는 일본의 취업준비생 전체를 대상으로 하는 반면, 일본인 유학 경험자나 외국인 유학생 등 2개 국어 이상 가능자를 대상으로 하는 채용설명회가 따로 열린다. 일본 국외의 해외 대학교 출신자를 대상으로 하는 채용 이벤트는 보통 6월, 12월에 열리며 일본 외국인 유학생 전형은 ②의 일정을 고려해서 3월부터 열리니, 취업 정보 사이트를 통해서 상세 일정을 확인하면 된다.

외국인들이 자주 하는 면접 실수

외국인 채용에서는 특히 면접이 중요하다. 당시에는 일본 기업에 취업하는 한국인이 지금처럼 많지 않았기 때문에 간접적으로 경험할 수 있는 방법도 너무나 부족했다.

그때는 정보가 부족해 여러 실수들을 했다고 하지만, 정보가 많은 편인 지금도 외국인 유학생들이 자주 하는 면접 실수들이 있다. 대표적으로 "자기 PR을 해보세요"라는 면접관의 질문에 다음과 같이 답변하는 것을 들 수 있다.

"일본어와 모국어를 할 수 있습니다."
"일본과 모국의 가교 역할을 하고 싶습니다."
"일본 유학 경험이 있는 글로벌 인재입니다."

나 또한 많은 면접에서 위와 같이 내 장점을 답했고, 그래서 떨어졌다. 왜냐고? 거의 모든 외국인들이 이와 비슷한 답변을 내놓기 때문이다. 면접관도 사람이라 계속 같은 답변을 들으면 지루할 수밖에 없다. 수많은 지원자들이 비슷한 대답으로 자기 PR을 하니 또 그런 대답이 나오면 더 이상 들으려고도 하지 않는 것이다.

　당시 나보다 1년 먼저 일본 기업에 취업한 대학 동기가 있었다. 그는 글로벌 인재 채용 관련 사업을 하는 회사에 다녔는데, 마침 외국인 유학생 채용 시 기업과 구직자 사이에서 컨설팅과 코칭을 하는 업무를 맡고 있었다. 그는 내 이력서와 면접 준비 내용을 보더니, 일본 기업의 문화와 성격을 잘 모르는 외국인들의 전형적인 답변이라고 일러주며 일본 기업이 왜 외국인을 채용하려고 하는지 알려줬다. 지금도 그 이유는 크게 달라지지 않았다.

　일본 기업이 글로벌 사업만을 위해서 외국인을 채용한다고 생각한다면 착각이다. 일본 기업들은 '국적을 불문하고 우수한 인재를 채용'하는 데 목적이 있다. 요즘은 특히 더 그렇다. 간혹 역량에 따라 해외사업부에서 활약할 기회가 주어질 수도 있으나, 일본 기업의 신입 채용은 주로 종합직(직무 구분이 없다)으로 일괄 채용해 3년 동안 교육하는 것을 전제로 한다. 이러한 계획을 가진 기업 입장에서 보면 많은 외국인들이 어필하는 2개 국어, 가교 역할, 글로벌 인재 등의 내용은 적절하지 않은 것이다.

기업 선택의 기준

일본에서 매년 신입사원을 뽑는 기업은 약 3만 개다. 일본 현지 취업 준비생들 사이에서는 평균적으로 50개 기업에 서류를 내고, 5개의 기업에서 내정을 받아 최종적으로 1개의 기업을 선택하는 게 정석으로 알려져 있다. 그 때문에 나는 현재 일본 취업 관련 사업을 하면서 만나는 한국인 취업준비생들에게도 처음부터 업계와 직종의 폭을 좁히지 말고 넓은 시야로 이곳저곳 알아보라고 목청을 높인다. 알고 선택하지 않는 것과 몰라서 기회를 놓치는 건 다르지 않은가. 특히나 한국인 취업준비생들이 일상에서 접하기 어려운 일본의 우수 기업들을 잘 파악해 자신에게 맞는 기업을 찾는 건 쉽지 않은 일이다.

마이나비에서의 면접은 특별했다. 1차에서 4차까지, 인사 담당자, 실무 사원, 매니저급, 임원으로 진행되는 면접이 매우 편하고 즐거웠다. 압박감이 느껴지던 다른 면접들과는 달리 나를 있는 그대로 보려는 면접관들의 태도가 안정감을 주었고, 면접이 즐겁다 보니 이런 사람들과 함께 일하고 싶다는 생각이 절로 들었다. 최종면접까지 순조롭게 마친 바로 다음 날 내정 통지를 받았다.

사람마다 기업을 고르는 기준은 다양할 것이다. 2018년 마이나비에서 2019년 졸업자를 대상으로 실시한 취직 의식 조사에 따르면, 구직자들은 기업을 선택하는 기준으로 '하고 싶은 일을 할 수 있는 회사(38%)', '안정성(33%)', '급여(15.4%)' 등을 꼽았다. 당시 내 기준도 크게 다르지 않았다. 내 개인적인 가치관으로는 아무리 돈을 많이 주고, 아무리 유명한 기업이라도 업무에서 내가 원하는 바를 취할 수 없다면 의미가 없다고 생각했다. 특히나 외국인이자 여성이며 대학 진학 후 쉼 없이 졸업해 취업한 신입사원보다 3년 늦게 취업을 준비하기 시작한 나로서는 국적, 성별, 나이를 불문하고 기회를 주는 기업문화가 중요한 요소였다. 나의 능력과 잠재력 그 자체를 보려고 노력하는 마이나비의 태도에 감동한 것은 아마 그런 이유였을 것이다. 또한 그런 기업이기에 나의 진실한 태도가 통할 수 있었고, 결과적으로 최종 합격으로까지 이어진 것이 아닐까.

3부에서 자세히 다루겠지만 스스로가 어떤 사람인지, 즉 어떤 가치관, 인생관, 관심, 능력 등을 가지고 있는지 확실히 파악해야 자신에게 꼭 맞는 기업을 선택할 수 있다. 원하는 기업들에서 여러 번 불합격의 고배를 마시다 보면 자신에 대한 부정적인 해석에 빠지기 쉽다. 이 일을 하면서 그런 취업준비생들을 많이 보기도 한다. 하지만 일본에는 400만 개가 넘는 기업이 있으며 매년 적어도 3만 개의 기업이 신입사원을 채용한다는 사실을 잊지 말았으면 한다. 일본 기업은 불합격 통지 이메일에 "ご縁がなかった(인연이 없었다)"라는 표현을 자주 쓰는데, 3만 개의 기업 중에 나와 인연이 있는 기업 하나가 없을까? 비록 부정적인 결과가 중간중간 마음을 괴롭히더라도 항상 긍정적인 생각으로 연緣을 찾길 바란다.

3

나만의 '기무숲' 브랜드 만들기

신입 1년 차, '기무 코너'로 찾은 나만의 브랜드

2011년 4월, 첫 외국인 신입사원으로 마이나비에 입사했다. 일본은 2008년부터 대기업을 중심으로 외국인을 적극적으로 채용하기 시작했는데, 그러한 사회 분위기에 힘입어 마이나비에서도 처음 외국인 채용을 시도한 것이었다. 채용설명회에 참석해 이력서를 제출한 후 1차에서 4차까지 개인면접을 치르고, 최종면접을 본 다음 날 바로 내정 연락을 받고 입사했다.

입사 후 1주일간 신입 연수를 받고 과를 배정받았는데, 이때 우리 회사에서는 직속 과장이 신입사원을 데리러 오는 일정이 포함되어 있었다. 모든 신입사원들이 강의실에 앉아 직속 과장을 맞이할 준비를 했다.

"여러분들의 직속 과장님들입니다."

교육 담당자의 소개와 함께 앞문으로 줄줄이 과장들이 들어왔다. 그때 유독 한 명이 눈에 들어왔다. 새카만 수염에 그을린 피부, 사무라이 같은 인상.

'저 분만 아니면 된다… 제발….'

왜 불길한 예감은 틀리지 않는 걸까. 그가 바로 내 상사였다.

그는 경력직으로 이직해 온 영업과장으로, 일본 영화에서나 나올 법한 무서운 사무라이 같은 얼굴에 쩌렁쩌렁 울리는 큰 목소리를 가지고 있었다.

과장은 첫 외국인 사원인 나를 어떻게 대해야 할지, 다른 사원들과 어떻게 어울리게 해야 할지 고민이 많아 보였다. 내가 맡은 첫 업무는 '매주 정례 회의 때 5분간의 기무 코너 준비'였다. '5분간의 기무 코너'란 매주 있는 영업 회의의 마지막 5분 동안 간단한 한국어 문장을 6명의 과원들에게 가르치는 것이었다. 지금 생각해보면 과장이 나를 배려하기 위해 몇 날 며칠 고민해서 내린 결정이었던 듯하다.

그날 이후 나는 정말 간단한 '안녕하세요?'부터 시작해서 '괜찮아요', '맛있어요', '더워요', '얼마예요?', '깎아주세요' 따위의 말들을 준비해 가르쳤다. 과원들은 수첩에 한 자 한 자 열심히 받아 적으며 짬 날 때마다 배운 단어로 내게 말을 걸어오곤 했다. 한인타운이나 한국으로 여행을 갈 때 사용할 만한 단어들까지 가르쳐주게 되면서 자연스럽게 과원들과 소통할 수 있었다.

'5분간의 기무 코너'는 어느새 사내에서 입소문을 타기 시작했다. 여기저기서 배우고 싶다는 사원들의 이메일 요청이 쇄도했다. 어떻게 하면 보다 많은 사원들에게 알려줄 수 있을지를 고민하다 업무 시작 전 약 30분 정도를 모여서 공부하는 타 과의 모습에서 아이디어를 얻어 소속 임원에게 '기무 코너' 운영에 대해 보고했다. 그러자 인트라넷에 공지해서 아예 전 사원을 대상으로 모집해보는 게 어떻겠느냐는 제안이 돌아왔고, 그렇게 기무 코너가 순식간에 전 사원에게 공지되었다.

두근두근 첫 수업이 열렸다. 50명의 사원과 포털 사이트의 공지를 도와줬던 1명의 임원까지 총 51명이 수업에 참여했다. 전통적인 일본 기업으로 보수적인 회사에서 한국에 관심 있는 사람이 이렇게나 많다니 감동스럽기까지 했다. 8시 30분 사내 강의실에서는 당시에 큰 인기를 끌고 있던 싸이의 〈강남스타일〉이 흘러나왔다. 노래 가사를 통해 한글과 한국의 문화를 해설하는 식으로 수업을 진행했다. 그 후로도 매달 2회씩 사내 강의실에서는 케이팝이 흘러나왔다.

거세게 불었던 한류 열풍 덕분에 일본에서도 한국 아이돌의 인기는 대단했다. 한국 아이돌의 새로운 앨범이 나올 때마다 내게 달려와 물어보는 직원들도 늘어났다. 아이돌에는 영 관심이 없었던 탓에 처음에는 곤혹스럽기도 했지만 어느 순간 질문에 답할 정도의 수준은 되었다. 내게 질문해온 사람들 덕분에 케이팝뿐만 아니라 한국 드라마, 영화, 역사, 여행, 음식, 미용 등 일본인들이 우리나라에 관심을 갖는 분야를 알게 되었고, 나 또한 그들의 관심 분야를 공통점으로 부각시키며 자연스럽게 나를 알릴 수 있었다.

"글로벌 인재 김보경입니다."

영업직은 신입사원이어도 입사 후 4주 차가 되면 혼자서 영업 미팅을 잡기 시작한다. 회사에 채 익숙해지기도 전에 실전 영업에 투입되는 것이다. 방문영업에 어떻게 접근해야 할지 몰라 갈피를 못 잡았지만 기댈 곳도 없었다. 일본인 선배들을 보면서 ctrl+c, ctrl+v를 하며 무작정 보고 따라 하는 게 최선이었다.

비즈니스 일본어와 업무 스타일을 익히는 것뿐만 아니라 회사 분위기를 파악하고 적응하는 것도 말처럼 쉽지만은 않았다. 2박 3일 여행 가방으로도 충분히 사용할 수 있을 것 같은 크기의 거대한 영업용 가방을 들고 힐까지 신은 채 영업을 다녔다. 여기저기 방문영업을 하다 보면 어느새 구두 밑창이 다 나갔고 어깨와 손은 빨갛게 달아올랐다. 내가 이러려고 유학까지 와서 생고생을 하면서 취업했나 하는 생각이 절로 들었다. 그럴 때마다 이것도 유학 시절처럼 목표를 위해 거치는 하나의 과정일 뿐이라고 곱씹고 또 곱씹으며 버텼다.

일본과 싱가포르에서 유학 시절을 보내면서, 한국과 일본의 가교 역할에 국한되지 않고 각국을 연결하는 글로벌 인재가 되고 싶다는 목표를 정했었다. 그리고 취업 활동 시에 했던 자기분석을 통해 커리어패스도 명확히 잡았다.

하지만 당시 꿈만 명확했지 비즈니스 현장에서 글로벌 인재로 어떻게 활약할 수 있을지에 대한 답은 구체적으로 갖고 있지 않았다. 더욱이 나는 가까운 시일 내에 해외사업을 전개하기 위한 목적으로 채용된 것이 아니라, 추후 고객사의 글로벌 인재 수요에 대응하기 위해서 미리 뽑아놓고 테스트해보기 위한 채용에 불과했다. 그렇다고 회사에서 지시가 내려질 때까지 가만히 앉아서 기다릴 수만은 없었다.

뭐라도 해야 했다. 일단 "외국인은 역시 어쩔 수 없구나"라는 얘기가 나오지 않도록 일본인 사원과 견줄 수 있을 만큼 비즈니스 레벨 이상의 일본어 실력을 유지하려고 애썼다. 단순히 문법과 어휘를 달달 외우는 것이 아니라, 일본인 선배들과 상사를 관찰해서 일본 현지에 맞는 비즈니스 매너와 표현들을 습득하고 따라 했다. 일본에서 살고 있는 이상, 외국인이라 하더라도 일본어를 잘하는 건 어떻게 보면 당연한 얘기였다. 그래서 일본인들이 어려워하는 영어 실력까지 갖추려고 노력했다. 단순히 영어 실력을 갖췄다는 스스로의 만족을 위해서가 아니라 비즈니스에 적극적으로 활용하려는 노력도 함께였다.

먼저 일본에 있는 미국계 회사를 고른 후 인사 담당자 또는 지사장이 외국인인 곳을 찾아다니며 영업했다. 영어로 미팅을 잡고 영어 제안서와 견적서를 작성해서 방문영업을 시작했다. 이러한 노력의 결과로 미국 본사 승인을 받고 수주까지 하는 데 성공했다. 영업한 지 1년 만에 얻은 쾌거였다. 사내에 소문이 퍼져 일-영 번역 요청이 오기 시작했고, 내 일이 아니더라도 이게 다 피가 되고 살이 될 것이라 생각하며 사원들을 도왔다.

유학 시절에 어울렸던 외국인 유학생 친구들 인맥도 총동원했다. 이러한 인맥은 당시 일본인 사원들이 부러워한 것들 중 하나이기도 하다. 우리 회사에는 내가 입사할 수 있었던 것처럼 일본 내 외국인 유학생들을 대상으로 하는 채용박람회 사업이 있어 나의 인맥이 어느 정도 힘을 발휘할 수 있었다. 나는 유학생들의 네트워크가 어떻게 형성되어 있는지, 각 나라별 또는 대학교별 유학생들의 특징은 무엇인지에 대해서도 잘 알고 있었기 때문이다. 이는 내게 주어진 기회이자 내가 가진 능력이기도 했다. 용기를 내어 먼저 관련 부서에 다가갔고 정보를 공유하는 과정을 통해 기획 전략에 참여하는 기회를 잡았다.

　일본인 동기들과 경쟁해야 하는 현실에서 처음에는 내가 외국인이라는 바뀌지 않는 사실에 스스로 한계를 두는 것이 아닐지 고민하기도 했다. 그러다 내가 가진 핸디캡을 직시하고 그것을 보완해 장점으로 부각시키려는 노력이 어느 정도 효과가 있음을 깨닫자 핸디캡은 금세 장점으로 부각되기 시작했다. 동기들에게는 없는 나만의 장점이 된 것이다. 또한 처음 목표를 세웠듯 당장 나의 실적과는 관계없더라도 모든 일이 글로벌 인재가 되기 위한 수련이라고 생각했다. 이후 나는 일본의 비즈니스 경험뿐만 아니라 해외, 글로벌 관련 키워드가 들어간 업무에 적극적으로 도전하며 나만의 이미지를 구축해갔다.

나만의 브랜드 가치 만들기

　'브랜드 가치'라는 말을 여기저기서 많이 들어봤을 것이다. 나도 이제야 브랜드 가치를 의식하고 논하고 있지만, 신입사원 1년 차 상반기에는 눈앞에 있는 업무만 보고 달려가기에도 턱없이 부족한 시간이었다. 그럼에도 틈틈이 그 누구와 비교해도 뒤지지 않을 나만의 장점을, 한편으론 나의 부족한 점을 찾기 위해 노력했다. 그리고 곧 장점을 부각시키고 단점을 보완하는 쪽으로 방향을 잡았다.

글로벌 인재를 목표로 이미지 구축에 나섰지만 단순히 글로벌 인재로만 비춰지는 것은 지금 당장 해외로 사업을 확장할 계획이 없는 회사에서는 별다른 강점이 아닐 것이란 생각도 들었다. 게다가 동기 중에는 나 말고도 한국인 1명, 중국인 2명이 더 있었기에 경쟁력이 떨어질 수 있었다. 당시 1,800명의 사원 중에서 가치 있는 사원이 되기 위해서는 내 핸디캡을 극복하면서도 나만의 무기를 만드는 것이 중요했다.

이때 사용한 방법은 자기관리였다. 누구나 아는 간단한 방법이 많은 것을 변화시킨다. 자기관리가 중요하다는 말은 쉽게들 하지만 막상 실천하기는 쉽지 않다. 예기치 않은 상황에 목표와 계획이 무너지기도 하고 바쁜 일상에 차일피일 미루는 경우도 많기 때문이다. 여기서 나만의 자기관리법을 공유하고자 한다.

나를 보는 객관적인 시각: 유체이탈 생각법

회사에서는 항상 예기치 않은 상황이 벌어진다. 회사뿐일까, 아마 예기치 않은 일이 벌어지는 것 자체가 바로 인생일지도 모른다. 어떤 상황에서도 감정을 바로잡고 이성적으로 판단하기 위해서는 내 눈앞에 펼쳐진 현상의 본질을 파악해 그에 대한 해결책을 찾는 것이 진정한 해결책일 것이다. 그 어떤 상황이 벌어져도 현상에 현혹되지 않고 본질을 볼 수 있는 방법을 알아야 했다. 먼저 객관적으로 보는 습관을 기르고자 노력했다. 그 실천 방법 중 하나가 바로 유체이탈 생각법이다.

유체이탈 생각법은 회사라는 집단 내에서의 나와 내가 처해 있는 상황을 마치 제3자가 위에서 내려다보듯이 생각하는 방법이다. 나는 평소에 별명 짓는 것을 좋아하는데, 이 방법을 일명 '유체이탈 생각법'이라고 명명했다.

새로운 것, 새로운 환경에 맞닥뜨릴 때는 하루라도 빨리 어색함에서 벗어나 익숙해지려고 발버둥을 쳤다. 하지만 막상 익숙해지기 시작하면 금세 익숙함에 젖어 그게 마치 온 세상인듯 멈춰서 안주해버리는 듯한 느낌이 들었다. 그럴 때면 새로운 업무에 도전했고, 내 실적과는 상관없는 동료의 업무를 돕는 등 하고 싶은 일들을 찾아서 했다. 그렇게 해외사업도 기획하게 되었고, 이를 통해 해외 현지인들을 보고 배울 수 있는 기회도 얻을 수 있었다. 각국의 현지 관계자들은 내가 아는 세상이 얼마나 좁은지, 익숙함에 속아 자만해서는 절대 안 된다는 사실을 알려주었다. 도저히 소화해낼 수 없는 업무를 맞닥뜨렸을 때는 그 업무를 완수했을 때 성장한 내 모습을 머릿속으로 그려가며 순간순간 느끼는 압박과 불안을 해소하고자 노력했다.

물론 스스로를 객관적으로 보는 건 쉽지 않다. 나도 모르게 주관적인 시선을 가질 수밖에 없고, 어떤 상황에서는 내 생각밖에 할 수 없는 순간도 있다. 그러나 더 이상 이렇게 반복적인 실수를 하는 나를 두고 볼 수만은 없었다. 객관적으로 볼 수 있는 능력을 키우는 방법을 생각해야 했다. 예상치 못한 상황이 벌어지더라도 냉철하고 객관적인 시선을 가지려면 내 생각과 행동의 패턴을 정확히 아는 것, 즉 나 스스로를 다루는 매뉴얼을 만드는 것이 좋겠다고 생각했다. 나는 곧바로 일본 채용설명회를 기획할 때 상세한 운영매뉴얼을 작성했던 경험을 떠올려 나를 다루는 매뉴얼을 작성했다.

나를 다루는 매뉴얼 만들기

Step 1   나의 행동 패턴 분석하기

- √ 나는 언제 동기부여가 되는가?
- √ 내가 집중력을 발휘하는 시점은 언제인가?
- √ 내가 스트레스를 받는다고 느끼는 순간은 언제인가?
- √ 내 사고가 정지되는 순간은 언제인가?

Step 2   나를 움직이게 하는 구체적인 '순간 행동 스위치' 설치하기

- √ 업무가 잘 안 될 때 ▶ 아이스 차이티 두유라떼 마시기
- √ 감정 조절이 필요할 때 ▶ 유산소 운동, 근력 운동 각 1시간
- √ 지금 당장 사직서를 내고 싶을 때 ▶ 일단 휴가 받기

사소하고 평범해 보일 수 있는 행동이지만 나 자신을 컨트롤하기에는 적절한 것들이었다. 여기서 중요한 것은 스스로를 움직이게 하는 방법을 정확히 알아야 한다는 것이다. 행동 스위치를 안다면 그 어떤 상황에서도 자신을 컨트롤할 수 있다.

한계를 두지 말고 무한한 가능성을 끌어올려라

상사   頑張って！(열심히 하세요!)

나   はい、200%頑張ります。(네, 200% 열심히 하겠습니다.)

상사가 독려하며 건네는 말에 내가 늘 하는 대답이었다.

회사원이 회사에서 지시받은 업무를 100% 달성하는 것은 당연한 책무다. 개인에게 부여된 목표를 100% 달성해야 기업의 연간 목표도 달성되기 마련이다. 나는 내게 할당된 업무량을 매번 완벽히 해내는 것이 샐러리맨의 숙명이라고 생각했다. 매번 목표한 대로만 된다면야 더할 나위 없이 좋겠지만, 마음대로 안 되는 것이 비즈니스고 또 우리 인생이다.

영업직이건 사무직이건 기술직이건, 주어진 업무에서 매번 주어진 것 이상의 결과물을 내는 일은 현실적으로 쉽지 않다. 아니, 매번 100%를 달성하는 것 자체가 대단한 일이다. 나 또한 영업 1년 차 때는 주어진 업무의 70~80%를 달성하는 것도 벅찼다. 늘 100% 달성을 목표로 잡아도 진행 중 변수가 생기거나 깜빡 놓치는 부분이 있었다. 그럴 때면 '난 100%를 목표로 열심히 했는데 변수 때문에 못한 것뿐이야'라고 합리화하며 스스로를 위로했다. 그러나 고객과 회사는 그런 사정을 이해해주지 않는다. 사전에 그런 변수까지도 고려하는 문제 대응과 해결 능력이 필요한 것이다.

그래서 200% 달성을 목표로 마음가짐을 바꿨다. 200% 달성을 목표로 하고 나니 중간에 다양한 변수가 발생해도 최종적으로는 100% 달성이라는 결과물이 나왔다. '이상하게 오늘은 운이 좋네?'라고 느끼는 날이 있지 않은가? 그렇게 모든 타이밍이 딱 맞아떨어지는 운수 좋은 날에는 200%를 달성하기도 했다. 내가 실제로 한 업무에 더해 그간 해놓았던 업무에 사내와 사회의 움직임이 맞물려 스파크가 터지면서 큰 불꽃을 만들어낸 것이다.

모든 업무에서 200% 달성 목표를 세우다 보니 자연스레 사무실의 불을 켜고 끄는 일은 내 담당이 되었다. 막차를 놓쳐 집까지 걸어간 적도 수없이 많았다. 지독하게 업무에 파고드는 하루하루가 이어지면서 몸은 녹초가 되었다. 그러나 업무 파악이 안 돼서, 결과가 안 나와서 느끼는 답답함은 없었다.

내가 말하는 200%의 목표란 대단한 실적을 내는 것이 아니다. 메일에 답변하고, 지시받은 업무는 그날 중에 완료하고, 보고하고, 정리하고 등등 아침에 계획한 일을 완벽하게 마무리하고 퇴근하는 것이 내 업무의 목표였다. 그렇게 일하다 보니 근무시간을 초과하기가 일쑤였다. 그럴 때마다 스스로를 응원하며 독려했다. 제시간에 끝내지 못하는 건 아직 제대로 습득하지 못했기 때문일 뿐이라고, 업무를 정확히 습득해 효율이 높아지면 자연스럽게 정시에 출퇴근을 하게 될 거라고 생각했다. 초짜 신입이라 뭘 해도 시간이 걸리고, 뭘 해도 정확도가 떨어졌다. 이메일 답장 하나 쓰는 데도 30분씩 걸렸으니 말이다. 그러다 보니 3년 차까지는 부족한 능력을 시간으로 메꾸며 업무를 완수하는 날이 많았다. 그러나 티끌 모아 태산이라는 말이 있듯 그렇게 하루하루 달리다 보니 일 처리가 빨라지면서 정확도 또한 높아지기 시작했다. 지금은 입으로는 회의를 하고 머리로는 문제의 대안을 그려내면서, 동시에 5분 내로 업무 메일에 답신까지 할 수 있다.

사회와 타인이 만들어놓은 틀에 들어가 사고하지 않고, 눈앞에 있는 현상의 본질이 무엇인지 파악하며 눈에 보이는 사실을 머리뿐만 아니라 육감까지 최대한 사용해 정확한 판단을 내리려 끊임없이 노력했다. 때때로 남을 비평하기 좋아하는 사람들의 목소리도 들려왔다. 그러나 그런 목소리에 귀 기울이기보다 스스로 판단하고 내린 결론을 실행에 옮기며 그 결과를 책임지기 위해 애썼다.

우리는 가끔 '그때 그 사람 말을 들었으면 좋았을 텐데…' 하는, 아집을 꺾지 못한 자신을 질책하기도 한다. 그러나 바로 그때가 자신이 과거에 내린 판단에 어떤 실수가 있었는지, 무엇을 놓쳤는지를 분석할 수 있는 기회이기도 하다. 그 기회를 놓치지만 않는다면 적어도 두 번의 실수는 막을 수 있다. 한계는 있을 수 있지만, 스스로의 한계를 미리 규정해둘 필요는 없다. 성장 가능성을 크게 열어두는 도전이 필요하다.

4

동료와 상사의 시각을 바꿀 무언가를 찾아라

기업이 나를 뽑은 이유는 무엇일까? 내게 원하는 것이 과연 일본인 동료들과 똑같은 업무 실적뿐일까? 역지사지라는 말처럼 입장을 바꿔서 생각해봤다. 다른 사람의 마음을 움직이고 싶다면 일단 상대방의 마음을 먼저 헤아리는 게 중요하다고 생각했기 때문이다.

일본 기업이 수많은 자국의 인재를 놔두고 군이 한국인 유학생을 신입사원으로 채용한 이유, 앞으로의 전망과 전략을 조금 더 자세히 알고 싶었다. 당시에는 이 회사에 다니는 것이 내가 일본에 있는 유일한 이유이기도 했기에 내가 먼저 그들에게 바짝 다가가기로 했다.

이해관계자 늘리기

히토츠바시대학교에서 경영학 수업을 들을 때 알게 된 '스테이크홀더stakeholder', 즉 이해관계자를 늘리는 것이 중요하다는 교수님의 이야기가 아직까지도 생생하다. 내 소속 부서의 사내 업무 방침 또한 '周りを巻き込め!(주변을 끌어들여라!)'였다. 이루고자 하는 꿈, 달성해야 하는 임무를 혼자 하는 게 아니라 각 부서의 전문가들을 끌어들여 함께 완성시키라는 의미였다. 그러기 위해서는 고객은 물론 주변의 동료, 상사들의 이해를 받고 협력을 도모해야 했다.

입사 2년 차 때, 글로벌 사업부로 발령을 받았다. 당시 나는 1년 차 때부터 준비해두었던 한국 진출 사업을 본격적으로 추진하는 것이 목표였다. 취업이 어려운 한국 대학생들의 현실을 지켜보면서 내가 일본에서 할 수 있는 일이 없을까 하는 고민이 많던 차였다. 일본 기업 또한 인재 확보에 대한 요구가 커지기 시작하는 시기이기도 했다. 한국 대학생들의 상황과 일본 기업의 요구가 맞물려 수요와 공급이 맞아떨어지는 때였다.

우선 나는 일본에 있는 한국인 유학생이 아니라 한국의 대학생들이 일본 본사에 진출할 수 있는 방법을 고민하기 시작했다. 굳이 한국까지 채용을 하러 가야만 하는 이유, 일본에 있는 한국인 유학생과의 차별화 등 이러한 기획이 갖는 의의와 목적에 대해 내부자들부터 설득해야 했다. 먼저 운영 실무진을 설득하고 상사, 영업사원을 설득하려 했지만 선뜻 팀원이 되겠다고 나서는 사람은 없었다. 동료와 상사들은 미지의 영역에 발을 넣기 꺼렸다. 내게 주어진 업무가 있듯 그들에게도 각자의 업무가 있고 나름의 목표도 있을 테니 당연한 일이기도 했다.

그러나 사내에서조차 설득하지 못한다면, 과연 고객사를 설득할 수 있을까? 곧장 한국 인재의 우수성을 알릴 수 있는 모든 자료를 수집하기 시작했다. 한국인 인재와 관련된 사내 연수를 개최하고, 영업사원 한 사람 한 사람을 찾아다니며 설득했다. 일본 기업들도 그들의 능력을 인정해줄 것이라는 걸 전국의 지사를 돌아다니며 설명했다. 시간이 지나면서 나의 기획을 이해해주는 동료들이 하나둘 늘기 시작했고, 그물처럼 이해관계자가 늘어났다. 그리고 마지막으로 채용 기업을 설득했다.

기본에 기본을 더하기

회사에서 인정받는 가장 쉬운 방법은 무엇일까? 앞에서도 이야기했지만 내가 생각하는 첫째는 주어진 책무를 다하는 것이다. 일본 국내영업직이었던 나의 책무는 쉽게 말해 영업 실적을 내는 것이었다.

그러나 현실은 입사 1년 차 영업 초보. 뛰어난 실적으로 인정받는 건 어려운 일이었다. 내가 가진 능력으로 바로 할 수 있는 일에는 어떤 것들이 있을까. 원어민처럼 일본어가 가능한 것도 아니었으니 그들의 문화를 이야기하고 함께하기에도 부족했다. 더욱이 옛날에 일본에서 유행했던 드라마나 스포츠, 사건 사고 이야기가 나오면 더 위축되기 일쑤였다. 또 사투리 섞인 일본어를 바로 알아듣고 받아칠 능력도 안 되었다. 그렇다면 내가 할 수 있는 건 무엇일까?

아주 작은 일부터 생각했다.

– 정성 가득한 제안서 작성

– 전문 컨설턴트 같은 모습

– 정직하게 행동하는 것

'정성 가득한 제안서 작성'을 위해 1년 차의 능력 안에서 할 수 있는 일은 사소하다. 페이지 번호 틀리지 않기, 글자 크기 통일하기, 로고와 사진은 해상도가 높은 파일로 넣기, 오탈자 없애기, 자료를 정돈해서 파일에 깔끔하게 넣어가기 등과 같은 것들이었다.

전문 컨설턴트가 되기에는 아직 경력이 안 되니, 약속 지키기와 바른 태도를 부각하고자 노력했다. 우선 약속 장소에는 반드시 20분 전에 도착해 15분 동안 머리가 흐트러지지는 않았는지, 옷에 먼지는 없는지, 불쾌한 냄새가 나지는 않는지 확인했다. 확인에 확인을 마치고 나서 약속 시간 5분 전에 방문 접수를 했다. 도쿄 지하철은 사고가 잦아 제시간에 도착하지 않는 경우도 많기 때문에 20분 전에 도착하는 걸로 계획을 세우고 움직이면 예기치 않은 일이 벌어져도 약속한 시간은 반드시 지킬 수 있었다.

입사한 지 1개월밖에 안 된 외국인 영업사원이 경험 많은 인사 담당자에게 채용 기획안을 들이밀며 제안해 설득하는 것은 거의 불가능에 가깝다. 기업의 니즈가 파악되지 않아 엉뚱한 방향의 제안을 할 때도 있었다. 내가 할 수 있는 것은 정직하게 열심히 최선을 다하는 것뿐이었다. 일본의 기업들은 신입사원을 채용해 3년간 교육하고 육성하는 것을 전제로 하다 보니, 다행스럽게도 1년 차 영업사원인 내게 대체로 관대했다. 그러나 이 또한 일본 기업이 신입사원을 채용할 때 가장 중요하게 생각하는 기본적인 비즈니스 매너, '素直さ(솔직함)'를 지키는 경우에 한해서다.

지금은 회사에서 모든 영업사원에게 기획서가 저장되어 있는 아이패드와 영업용 전화를 지급하지만, 당시에는 모든 자료를 서류로 준비해서 가지고 다녀야 했다. 신입이었던 나는 미팅에서 어떤 제안을 할 수 있을지 몰라 회사의 모든 상품 기획서를 영업용 가방에 넣고 다녔다.

이런 생활은 내가 꿈꾸던 것과는 정반대였다. 큰 영업용 가방을 짊어지고 땀을 뻘뻘 흘리며 화장도 지워진 채 수많은 기업의 인사 담당자를 찾아다니는 하루하루였으니 말이다. 하지만 언제나 열심히 준비해 부지런하게 움직였다. 지금 와서 생각해보면 그런 모습이 다른 사람들에게는 사회 초년생의 순수한 열정쯤으로 비쳤는지도 모르겠다. 어느 순간부터 내게 호의를 보이며 기획안을 꼼꼼히 들여다보는 기업이 하나둘 늘어나기 시작했다. 그렇게 자연스레 내 고객을 만들 수 있었다.

신뢰의 중요성

일본인 동료들은 나를 어떻게 생각할까? 그들의 입장에서 생각해보자. 역사적으로 관계가 복잡한 한국인 유학생이 회사에 입사했다. 그것도 첫 외국인 사원이다. 아마 신기할 것이다. 어쩌다 여기에 왔는지 궁금한 것도 많고 호기심이 동할 테지만 남에게 폐를 끼쳐선 안 되니 사적인 질문을 화제로 삼지는 않는다. 그들에게 나는 아마 미지의 세계에서 온 외계인쯤으로 여겨질 것이다.

직속 상사는 날 보고 무슨 생각을 할까? 인사 발령을 받은 데다 회사의 첫 외국인 사원을 맡았으니 잘 키우긴 해야 하는데, 과연 잘할 수 있을지 걱정부터 앞서지 않았을까? 영업직에서 가장 중요한 영업 토크를 일본어로 잘 소화해낼 수 있을지, 제안서는 잘 작성할 수 있을지, 금방 그만두지는 않을지 등. 상사로서 책임은 져야 하는데 부하 직원으로 외국인을 만난 경험은 없으니 의문투성이였을 것이다.

고객들은 어떨까? 전화로 이름을 듣는 순간 '외국인이네' 하는 생각부터 했을 것이다. 일본어를 잘하는 외국인이구나! 내가 자주 들었던 말도 "일본어를 잘한다"였다. 스페인계 일본 법인에 영업 전화를 했을 때 내 이름을 들은 상대는 외국인이냐고, 어느 나라 사람이냐고 물으며 흔쾌히 방문영업을 요청했다. 찾아갔더니 딱히 안건이 있는 건 아니었다. 그는 단지 외국인 영업사원이 어떤지 보고 싶어서 불렀다고 했다. 동물원 원숭이도 아니고, 신기해서 불렀다고? 어처구니가 없는 일이지만 이게 외국인으로 일하며 마주하게 되는 일본의 현실일지도 모른다. 일본 기업이 한국 기업보다 적극적으로 외국인을 채용하기는 하지만, 외국인이 낯설고 어려운 건 어쩔 수 없는 일이다.

고민을 거듭하던 나는 관계는 결국 신뢰라는 결론을 내리고, 신뢰를 쌓는 데 많은 정성을 들였다. 언제나 솔직하게 그들을 대했고 무슨 일이 있어도 약속은 지키려고 했다. 혹 약속을 지키지 못하는 상황이 생기면 최대한 정직하게 있는 그대로 이야기하고 양해를 구했다. 신뢰는 인내를 필요로 한다. 내가 정한 원칙에서 벗어나지 않고 꾸준히 사람들을 대한 결과 어느 순간 그들에게 나는 믿을 수 있는 사람, 신뢰를 주는 사람이 되어 있었고 모든 일이 한결 순조로워졌다. 사람들은 내 얘기에 귀를 기울였고 내가 제안하는 기획안에 더 많은 관심을 보였다. 그렇게 영업 실적도 높아져갔다.

입장 바꿔서 생각하기

자신감이 넘치던 2년 차 때는 회사에 불만이 참 많았다. 왜 좀 더 빠르고 적극적으로 글로벌 사업을 전개하지 않는지부터 해서 이것저것 회사에 대한 불평불만을 늘어놓고는 했다. 그즈음 유학 생활 중 한국어 과외로 인연이 닿았던 재일 교포 한 분을 만났다. 그는 한 파친코의 점장이었다(파친코는 1950년대 전후 일본에서 일을 구하기 힘들었던 재일 조선인들이 많이 뛰어든 사업이다).

그를 만나자마자 나는 회사에 대한 불평불만을 쏟아냈다. 한참 동안 듣기만 하던 그는 "네가 직원 1,800명의 회사를 차릴 수 있겠니?"라고 물었다. 머리를 망치로 꽝 맞은 느낌이었다. 내게는 단 1명의 직원이 있는 회사도 차릴 능력이 없었다. 그럴 그릇도 못 될 것 같았다. 그 순간 내가 생떼를 쓰는 어린아이처럼 느껴졌다. 그날을 계기로 새로운 업무를 담당하게 될 때마다 입장을 바꾸어 생각해보는 습관을 들이기 시작했다.

상사가 1년 차인 내게 기무 코너를 만들어줬을 때를 다시 떠올렸다. 왜 이걸 만들어줬을까? 단순히 사내에서 한국어를 교육하기 위해서는 아닐 텐데, 이 업무를 맡긴 진짜 이유는 무엇일까? 일본인 특성상 본심을 드러내지 않고 말을 순화시켜서 완곡하게 표현하다 보니 보다 직설적인 한국인들은 그들의 본심을 헤아리기가 쉽지 않다. 하지만 상대방에게 빙의한 것처럼 입장을 바꿔서 생각하다 보면 그들이 돌려 말하는 표현의 의도를 정확하게 이해할 수 있게 된다.

이런 습관은 고객사들을 찾아가 채용 컨설팅을 할 때도 큰 도움이 되었다. 기업들은 내가 영업을 하러 갈 거라고 하면 우선 벽을 하나 치고 기다리고 있었다. 고객의 말 한 마디 한 마디에 귀를 기울이고 문장 하나하나를 곱씹으며 그 속에 담긴 진실이 무엇인지 알아내야 했다. 그들 입장에서 알려고 하다 보니 그 속내가 들리기 시작했고, 그렇게 되니 니즈를 정확하게 파악할 수 있게 되었다. 이번에도 역시 실적은 자연스레 따라왔다.

5

사원에서 임원까지, 험난한 여정

허점투성이 신입사원의 홀로서기

입사 후 1주일 동안은 비즈니스 매너 수업을 받았다. 전화 응대 및 이메일 매너, 고객 접대, 명함 교환처럼 가장 기본적인 것들부터 시작해 일본어 경어 표현도 배웠다. 직무 교육은 OJT 형식으로 이뤄졌는데 매주 선배가 만들어오는 상황극을 통해 다양한 가상의 상황에서 영업 토크를 했다. 영업 토크 후에는 피드백을 받는 시간이 이어졌다.

입사 당시 내가 낯설어하는 것 이상으로 다른 직원들도 나를 신기하게 본 것 같다. 그도 그럴 것이 마이나비는 마이니치신문사의 자회사로 설립된 전통적인 일본 회사였고, 직원들은 외국인과 일해본 경험이 거의 전무했다. 그들 눈에는 내가 마냥 신기한 존재였을 것이다.

일본 국내영업직으로 발령받은 나는 도쿄영업 2부 4과에 배정되었다. 내게 주어진 업무는 기업들에게 마이나비 사이트에 구인광고를 내도록 영업하는 것이었다. 그러나 미팅 약속을 잡는 것부터 쉽지 않았다. 당시 마이나비는 인지도가 서서히 올라가고 있는 상황이었기 때문에 브랜드 가치가 낮을 때였다. 게다가 외국인 영업사원. 내 이름을 듣자마자 거절하는 곳도 있을 정도였다. 하루 50통 이상 전화를 돌리고, 적어도 2~3개 사에는 방문영업을 해야 했지만 기회를 못 잡고 사무실에 앉아 있는 날이면 상사와 선배들의 따가운 눈초리를 받아야 했다.

방문영업에서는 기업이 원하는 신입사원의 수요를 파악하고 보다 효과적인 채용을 위한 1년간의 계획을 제안해야 한다. 나는 주로 중소기업을 담당했는데 보통 일본인 대학생을 채용하는 기업들이었다. 한국인, 외국인 채용 수요는 전혀 없는 기업이 많았다.

고객사의 수요를 파악하는 것만도 쉽지 않았다. 중소기업의 채용 담당자는 채용뿐만 아니라 경리, 법무, 총무 등의 관리부 업무까지 총괄하는 경우가 많았고, 주로 40대 후반에서 50대의 중년 남성들이었다. 그들 중 일부는 일본에 오래 살지 않으면 알아듣기 힘든 일본어로 채용 수요와 과제 등을 이야기했다. 이를 파악하면서 영업 토크에 맞장구까지 치는 일은 정말 어려웠다. 나름 일본어를 잘한다는 자부심이 있었는데 못 알아듣는 부분이 많아 몇 번을 되묻고는 했다.

여러 번씩 방문해도 채용 수요가 전혀 없는 기업도 많았다. 일본어를 잘못 알아들어 실수도 했다. 일을 잘하고 싶은 마음과는 별개로 한계가 느껴졌다. 그렇게 지쳐가던 입사 3개월 차 무더운 여름, 사직서를 제출했다.

사직서를 받아 든 전무는 향수병이 아니냐며 휴가를 줄 테니 한국에 다녀오라고 했다. 그 휴가 동안 한국에서 가족들과 이런저런 애기를 나누며 마음을 가다듬었고, 일본으로 돌아가는 비행기 안에서 다시 한번 제대로 해보자고 다짐했다. 그렇게 다시 회사로 돌아온 지 3개월 만에 영업 실적 1위를 했고, 사장님이 초대한 식사 자리에서 전무들의 눈에 띄었다.

주어진 모든 업무를 기회라고 생각하라

입사 연차가 쌓일수록 업무량이 많아졌다. 그럴 때마다 '왜 나한테 이렇게 많은 업무를 주는 걸까' 하는 불평불만보다는 이것 또한 배울 수 있는 기회라며 긍정적으로 생각했다. 무엇보다 그 누구에게도 의지할 수 없었고, 주어진 일은 어떻게든 해내야만 했다.

하루는 24시간으로 한정되어 있는데, 주어진 업무량은 그 이상이었다. 아무리 계산해봐도 도저히 그 시간 안에 해낼 수 없을 것 같았다. 일단 자는 시간을 줄였다. 사무실 불을 켜면서 출근하고, 끄면서 퇴근했다. 막차를 놓칠까 분노의 질주를 하고, 가끔은 막차를 놓쳐 걸어서 퇴근하기도 했다. 택시비가 아까워 택시 탈 엄두는 내지도 못했다.

하지만 그때도 '왜 이렇게까지 일해야 하는가'라고 생각하기보다는 이 모든 것이 나를 위한 기회이고 또 도전이라고 생각했다. 그렇게 내 주위에서 일어나는 모든 상황을 긍정적인 것으로 받아들이다 보니 어둑어둑하고 고요한 도쿄의 밤거리도 운치 있게 느껴졌고, 때로는 내가 드라마의 주인공처럼 느껴지기도 했다. 꿈을 향해 열심히 달리는 청춘 드라마라고 할까. 그렇게 모든 상황을 '나름 의미 있는 일'이라고 스스로를 세뇌하며 앞만 보고 달렸다. 어느새 나를 바라보는 동료, 선배, 상사 들의 시선이 달라지기 시작했다.

나의 경쟁자는 상사도, 동기도 아니고 바로 나 자신이다

나는 일본에 유학 오기 전까지만 해도 가족과 친구들을 비롯한 주변 사람들의 눈을 많이 의식했다. 내 꿈을 그리는 것조차도 그들의 시선을 신경 써야 할 것만 같았다. 이러한 사고방식은 유학 시절에 만난 25개국의 외국인 친구들과 어울리면서 다 깨져버렸다. 그리고 깨달았다. 내가 경쟁해야 할 존재는 남이 아니라, 사회가 아니라, 포기하고 싶은 나, 그냥 적당히 하고 싶어 하면서도 결과는 좋길 바라는 나 자신이라는 사실을.

새로운 일을 담당할 때마다 그 일이 가능한지 아닌지를 분석한다. 이 분석의 근거는 결국 내 안에 존재한다. 경험하지 않은 일의 가능성을 알려면 단순한 분석 외에도 용기와 결심, 도전이 필요하다. 경험하지 않은 새로운 업무에 대한 성공 가능성을 어떻게 정확히 예측할 수 있을까? 안전만을 추구하며 낙오되지 않으려고 새로운 도전을 두려워하면 도대체 무엇을 할 수 있을까? 실패할 수 있다는 두려움 때문에 시도조차 하지 않는 것이 정당할까? 그렇다면 실패할 수 있다는 건, 그 일이 불가능하다는 건 누구의 생각인가? 이 세상에 불가능이란 없다. 내가 나에게 불가능이라고 말하지 않는 이상. 그래서 나는 그냥 용기 내어 배짱 좋게 해버리는 쪽을 택한다. 성공이든 실패든, 결과는 자연스레 나올 것이다.

나는 내 앞에 벌어진 모든 문제와 실패를 하나하나 성심성의껏 해결했을 뿐이다. 작은 문제는 가능한 한 빨리 해결하고 큰 문제는 유체이탈 생각법을 통해 객관적으로 보고, 신속하고도 정확하게 해결해나갔다. 한마디로 나 자신이 문제라고 명명하면 그것은 진짜 문제가 되지만, 기회라고 명명하면 그것은 즐겁게 해결해나갈 수 있는 과제가 될 수 있다.

이렇게 얘기하니 독기를 가득 품은 사람으로 비칠지도 모르겠다. 당연히 힘든 순간도 많았다. 부정하고 싶지만 정말 내가 해결할 수 없다고 느껴지는 문제도 많았다. 다 던져버리고 그만하고 싶을 때도 있었다. 그럴 때마다 무작정 내 편에서 '나쁜 일본 놈들! 우리 예쁜 딸, 일본에서 고생하지 말고 들어와'가 아닌, 뼈아픈 팩트 공격으로 채찍질해준 어머니가 있었다. 부정적인 상황을 긍정적으로 해석할 수 있도록 깨우쳐준 그의 말들은 내가 나에게 지지 않도록 해주었다. 어머니 이경순 여사의 말들을 아래에 옮겨본다.

1. 항상 너를 교육해주고 지지해주는 마이나비와 상사에게 감사해라.
2. 아무리 어리석은 사람이더라도 한 가지는 배울 점이 있다.
3. 이런 고난을 하루라도 빨리 겪은 게 다행이지 않느냐, 인생의 배움이라고 생각하고 뛰어넘어라.
4. 너만 힘든 것 같지. 그게 인생이다.
5. 넌 할 수 있다. 용기를 가져라.

나, 김보경이어서 가능한 일을 하고 즐겨라

나를 깊이 아는 사람들은 내가 다분히 감정적이라는 것을 안다. 그리고 이런 감정적인 내가 일본 기업에서 임원까지 오르게 된 것에 무척 놀라워한다. 어쩌면 내가 감정적인 사람이어서 일에 더 깊이 빠져들었을 수도 있다. 단순히 일이 정말 좋았기 때문이다. 그래서 일을 해냈을 때의 기쁨을 누구보다 크게 느꼈는지도 모른다.

내가 한국 진출 사업을 하게 된 것도 감정적인 성격이 한몫했다. 일본과 한국을 오가면서 한국의 대학생들이 겪는 취업의 어려움을 누구보다 가슴 아프게 느꼈다. 아무리 열심히 해도 금수저를 뛰어넘어 인생을 전환할 수 있는 기회를 잡기 어렵다는 고민도 심심찮게 들었다. 그들에게는 부모가 정해놓은, 아니 사회가 정해놓은 스테레오타입의 성공한 인생길에 들어서지 못하면 낙오자로 각인되어 평생을 살아갈 수 있다는 위기감도 있었다. 이러한 상황에 놓인 한국 대학생들에게 새로운 길을 제시하고 싶었다. 그들을 직접 만나 이야기를 경청하고 공감하지 못했더라면, 지금은 큰 사업이 된 'Career in Japan KOREA' 시리즈의 한국 사업은 생각해내지도 못했을 것이다.

처음 한국 사업을 기획했을 때는 어떤 거창한 비전을 가지고 전략을 짠 게 아니었다. 너무나 단순하게도 취업이 어려운 한국의 대학생들에게 또 다른 기회를 주고 싶다는 마음뿐이었다. 당시 대학을 막 졸업한, 회사에서도 이제 겨우 1년 차인 내가 생각해낼 수 있는 사업 전략 따위가 있을 리도 만무했다. 그저 내가 일본에서 경험한 것처럼 한국의 청년들이 취업의 문턱을 넘고 성공해 행복해졌으면 하는 마음으로 일 자체를 즐겼다. 능력을 타고난 자는 노력하는 자를 이기지 못하고, 노력하는 자는 즐기는 자를 이기지 못한다는 말처럼, 일 자체가 내게는 보람이자 즐거움이었다. 사는 동안 잘 먹고, 잘 자고, 잘 노는 것이 내가 생각하는 성공이다. 누군가는 나보고 워커홀릭이라고도 하지만, 나는 드림홀릭이라고 명명했다. 하루하루 최선을 다해서 일을 즐기다 보니 8년이 지난 지금 마이나비 한국 법인의 대표가 된 것이다.

2019년 1월 현재 전체 직원 9,900명이 넘는 마이나비그룹의 19개 그룹사 중 첫 외국인 사원, 보수적인 일본 사회에서 여성 임원이 된 것까지. 지금 와서 이유를 찾자면 운 좋게도, 그리고 감사하게도 나만이 가능한 일을 확실히 찾아냈기 때문이다.

6

뉴욕 지사장을 향해

2011년 4월, 입사 첫 주에 열린 신입사원 연수에서 당시 글로벌 채용 지원과의 담당 사원이 한 기획안을 발표했다. 나는 발표가 끝나고 퇴장하는 그 사원의 뒤를 졸졸 따라가 다음과 같이 질문했다.

나   선배님, 오리엔테이션 감사합니다. 저는 뉴욕 지사장이라는 꿈을 가지고 입사했습니다.

선배   (코웃음을 치더니) 그러니?

나   그 첫걸음으로 글로벌 채용 지원과에 가고 싶은데, 어떻게 해야 합니까?

선배   여기는 먼저 말하는 사람이 기회를 잡아. 존재감을 어필해!

당시에는 선배의 말이 무슨 뜻인지 몰랐다. 그냥 '아하, 그렇구나' 정도였다. 입사 1년 차의 뉴욕 지사장이라는 꿈은 말 그대로 머나먼 꿈으로만 보였다. 오로지 한길만 보며 지나온 8년. 지금은 뉴욕 지사장의 꿈이 현실과 가까워지는 것 같아 흥분된다. 그럼에도 여전히 미지의 세계를 향한 새로운 도전에 불안감이 있다.

하지만 유학생 시절부터 지금까지 넘어지기도 하고 뛰어넘기도 하면서 수많은 불안감을 극복하지 않았던가! 그 여정을 생각하면 뉴욕 지사장은 당연히 내 앞에 놓인 또 하나의 길일 뿐이다. 뉴욕 또한 처음에는 예상치 못한 일들이 여기저기서 벌어질 것이고 그때마다 좌절을 맛볼 것이다. 이는 새로운 일을 할 때마다 항상 겪게 되는 하나의 사이클이다. 그 사이클에는 반드시 끝이 있으며 끝 뒤에는 다시 새로운 사이클이 시작될 것이다. 그런 게 일이고 삶 아닐까.

중학교 때부터 지금까지, 성장기를 되돌아보면 삶에는 항상 기복이 있었다. 하지만 이제는 어떤 상황이 벌어져도 그 현상에 감춰진 본질을 찾아내 그에 집중하면 회사원으로서의 꿈이든, 한 사람으로서 내 인생의 꿈이든 이루지 못할 일은 없다고 생각한다. 힘들면 힘든 대로, 편하면 편한 대로 인생의 파도를 마치 춤을 추듯 타다 보면 일본 기업의 뉴욕 지사장이 되는 꿈도 이룰 수 있지 않을까?

또 다른 도전, 10년 뒤 내 모습

일본 기업 면접에서는 "5년 뒤, 10년 뒤 본인의 모습이 어떨지 생각해봤나요?", "이 회사에서 몇 년이나 일하고 싶습니까? 그 이유는요?" 등 입사 후 장기적인 계획을 묻는 질문이 자주 나온다. 일본은 아직도 종신고용을 전제로 채용하는 경향이 있기 때문에 오래 일할 사람을 선호한다. 나 또한 최종면접에서 이와 같은 질문을 받았다.

최종면접관　입사하면 몇 년이나 일할 생각입니까?

나　적어도 10년은 일할 생각입니다.

최종면접관　왜 10년이라고 생각하죠?

나　3년 차까지는 일본의 기본적인 비즈니스 지식과 매너를 배우고, 회사의 전반적인 사업의 흐름과 목표를 명확히 확인하고 경험해야 한다고 생각합니다. 그 후 5년 차부터는 그때까지의 경험을 토대로 새로운 아이디어를 가지고 활약하며 회사에 공헌하고 싶습니다. 그 기간이 5년 차 이후부터 10년까지라고 생각합니다.

당시에는 이 질문이 면접의 단골 질문인지도 몰랐다. 그저 취업을 준비하며 했던 자기분석을 통해 왜 일본 기업에서 일하려고 하는지, 얼마나 있을 것인지에 대해 명확히 정리해놨기에 막힘없이 답변할 수 있었다.

마이나비에 입사한 2011년 4월에 받은 신입사원 연수에서는 10년 후 자신의 모습을 그림으로 그려보라는 과제가 주어졌다. 나는 많은 사람들 앞에서 강연하고 있는 모습을 그렸다. 그리고 "일본 → 한국 → 미국 → …"이라고 적어 전 세계를 다니며 활약할 것이라는 포부를 나타냈다. 그리고 그 그림처럼 2017년, 입사 7년 차가 되던 해 마이나비 한국 법인의 대표이사가 되었다. 입사 9년 차에 들어선 지금, 미국이 새로운 도전으로 남아 있다. 면접 때 이야기했던 10년이란 기간에서 이제 2년이 남은 것이다.

자신이 선택한 길이라면 그 길이 맞는 길이라는 확신을 가져야 한다. 조금 하다가 힘들면 내 길이 아니라고 쉽게 포기하는 것은 게으름과 도피에 불과하다. 이 고뇌와 고생이 끝난 뒤에는 반드시 좋은 날이 기다리고 있다는 확신을 가지고 끊임없이 노력하며 스스로를 성장시켜야 한다.

이제 나는 다시 새로운 도전 앞에 서 있다. 게으름 피우지 않고 도피하지도 않을 것이다. 지금 내가 선택한 길의 여정이 3년이든 10년이든 믿고 가볼 작정이다. 뉴욕이든 그 어디든 말이다.

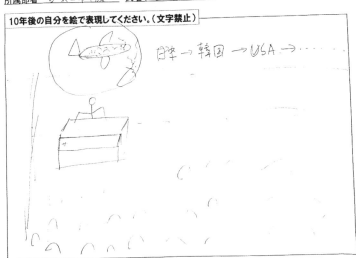

1부 마이나비의 첫 외국인 신입사원에서 대표이사가 되기까지

일본은
구인난?

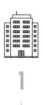

일본의 경제 상황과 고용 시장

잃어버린 20년은 끝났다

1980년대까지 고속 성장을 일구며 번영을 구가하던 일본 경제는 1990년부터 경기가 후퇴하면서 20년 가까운 불황을 경험했다. 1980년대 후반 5% 이상이던 경제성장률이 잃어버린 20년 동안 0.9% 수준까지 떨어졌고, 부동산 가격은 1990년의 정점 대비 5분의 1 수준까지 폭락했으며, 주가지수는 1990년 대비 -37%(1998년), -51%(2002년), -58%(2011년)까지 곤두박질쳤다.

침체의 끝이 보이지 않던 일본 경제는 2011년부터 서서히 반등을 시작한다. 아베 신조 총리가 집권한 이후 2012년부터 2018년 사이 국내총생산은 연평균 1.3%씩 성장했고, 세계 경제 위기 이후 2009년 7,000

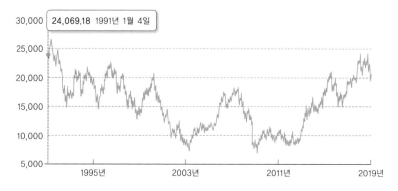

1991~2019년 일본 증시의 주가(닛케이 지수) 추이

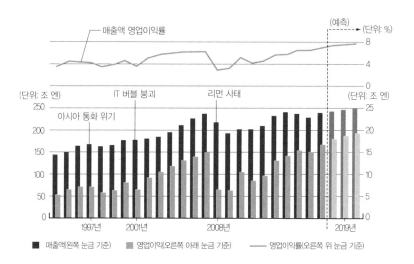

일본 주요 기업 119개사의 실적 추이

출처: 미쓰비시도쿄UFJ은행, '2018년도 업계 전망', 2018년 2월

대 초반이던 닛케이 지수는 2018년 중반 23,000 수준까지 치솟았다. 끝없는 하락을 거듭하던 부동산 가격도 반등하기 시작했다. 일본 총무성 자료에 따르면 2007년 3,813만 엔이던 전국 아파트 평균 가격은 2016년 4,560만 엔으로 상승했음을 알 수 있다.

기업들의 실적도 크게 개선되었다. 119개 주요 기업의 실적을 분석한 자료에 따르면 리먼 브라더스 사태 이후 2010년부터 매출이 꾸준히 늘어났으며, 특히 4% 수준이던 영업이익률이 8%까지 2배 가까이 올라 수익성이 크게 개선되었음을 알 수 있다. 이 같은 호황에 대해 일본 내에서도 다양한 분석이 있지만 대체로 아베 총리의 공격적인 경제 활성화 정책, 소위 '아베노믹스'의 영향으로 보고 있다. 양적 완화 및 엔저 중심 정책이 시행되며 일본 상품의 가격 경쟁력이 커지면서 수출이 늘어났고, 이에 따라 기업들도 투자와 채용을 늘려 결과적으로 소비와 고용이 확대되는 선순환을 이뤄냈다는 것이다.

향후 전망도 낙관적이다. 일본 미쓰비시도쿄UFJ은행의 2018년도 업계 전망 조사 자료를 보면 2018~2020년까지 지속적인 고용 확대, 신흥국 시장의 확대, 그리고 지원 관련 투자 증가가 기업의 설비투자와 국내 개인 소비를 지지하는 구도로 이어져 앞으로도 일본의 수요, 생산은 전체적으로 완만한 성장세를 보일 것으로 기대된다. 특히 내수와 수출 모두 지속적으로 증가할 것으로 예측되면서 주요 기업들의 매출과 영업이익 또한 향후 몇 년간 최고 수준의 실적을 기록할 것으로 전망되고 있다.

일본 청년들의 체감 실업률은 사실상 0%

경제 상황과 더불어 인구구조 변화 또한 일본의 고용 시장에 영향을 미치고 있다. 일본의 생산연령인구(15~64세)는 1997년을 기점으로 20년 동안 1,000만 명 넘게 감소했다. 2013~2015년에는 해마다 80만 명이 넘게 감소했으며 2040년에는 2018년에 비해 약 1,500만 명이 감소할 것으로 전망되고 있다. 일본 정부에서는 여성의 사회 진출 활성화,

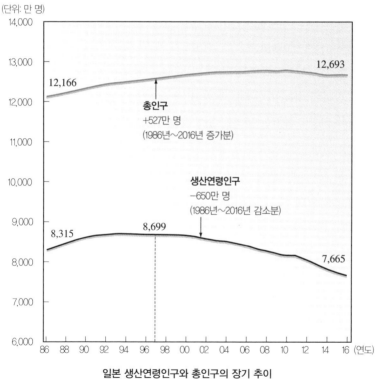

(단위: 만 명)

일본 생산연령인구와 총인구의 장기 추이

참고: 일본 총무성의 '노동력 조사' 및 '인구 추계' 자료

노인 재취업, 외국인 적극 채용 등의 방안을 추진하며 모자라는 인력을 충당하려고 하고 있으나 구인난은 계속되고 있다.

2018년 기준 일본의 대학졸업생 취업률은 98%로, 13년 연속 최고치를 기록하고 있으며 2018년 12월 기준 평균 실업률은 2.4%였다. 사실상 청년들의 체감 실업률은 0%로 완전고용에 가깝다고 할 수 있다. (일본 총무성 통계국, 2019년 2월 1일 발표 자료 참고. https://www.stat.go.jp/data/roudou/sokuhou/tsuki/index.html)

2018년 6월 아베 총리는 경제재정자문회의에서 2019년 4월부터 농업, 간호, 건설, 조선, 관광 직종에 2025년 50만 명까지 외국인 고용을 확대하기로 하였으며, 10월에는 '특정기능 1, 2호'라는 항목을 신설하여 숙련 정도에 따라 외국인 노동자가 5~10년간 체류할 수 있는 출입국관리법 개정안을 국회에 제출했다. 이 같은 움직임은 또 다른 해외 취업 국가인 미국이 트럼프 정부 들어 외국인 취업비자 심사를 강화하는 상황과 맞물리면서 상대적으로 더 주목을 받았다.

일본 취업 시장 전망

일본에서 일하는 외국인 노동자는 2017년 기준 약 128만 명으로 전년 대비 18% 증가했다. 2008년에 비하면 약 3배 증가한 수치다. 일본에서 일하는 외국인 노동자의 국적은 중국이 29.1%로 가장 많고, 베트남 18.8%, 필리핀 11.5%, 브라질 9.2% 순이며 한국은 4.4%(55,926명)로 집계된다. 그러나 10여 종의 일본 취업비자 가운데 화이트칼라 직종의

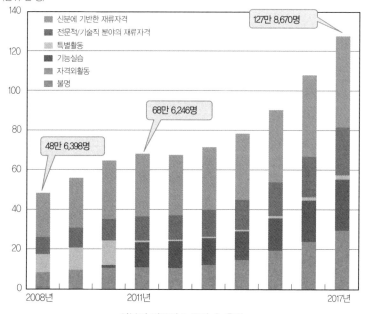

(단위: 만 명)

- 신분에 기반한 재류자격
- 전문적·기술직 분야의 재류자격
- 특별활동
- 기능실습
- 자격외활동
- 불명

127만 8,670명

68만 6,246명

48만 6,398명

2008년   2011년   2017년

일본의 외국인 노동자 수 추이

참고: 후생노동성 '외국인 고용 상황의 신고 상황 요약'에 기반한 집계(각 연도 10월 말 통계)

가장 보편적인 비자인 '기술·인문지식·국제업무' 비자를 취득한 외국인의 수로 살펴보면 중국, 베트남에 이어 한국이 21,603명으로 세 번째로 많다. (출처: 일본 후생노동성, '외국인 고용 상황', 2017년 10월) 또한 고용노동부 산하 한국산업인력공단이 발표한 '해외 취업 종합 통계'를 보면 2017년 해외 취업자 5,118명 중 일본으로 취업한 사람이 1,427명 (27.8%)으로 가장 많다.

2017년도 마이나비의 조사에 따르면 76.4%의 일본 기업이 '좋은 인재가 있다면 국적 불문으로 채용하겠다'고 답해 외국인 채용에 열

2부 일본은 구인난?

려 있음을 알 수 있다. 한국산업인력공단의 해외 취업 지원 사업인 'K-MOVE 스쿨'은 해당 사업의 인원을 일본에 40% 이상으로 집중 할 당하고, 한일 연금기간 합산 추진 등으로 한국 내 경력과의 연계를 강화하는 방침을 내세우고 있다.

일본 기업의 구인난으로 인한 일본 정부의 적극적인 외국인 노동자 수용 정책과 구직난으로 인한 한국 정부의 적극적인 해외 취업 지원 정책이 더해져 해외 취업국 중 일본 취업 시장의 전망은 매우 밝다고 할 수 있다.

일본 신입사원 채용 동향

고용 시장에서 취업을 희망하는 구직자들을 '공급', 인재 확보를 위해 채용 활동을 하는 기업을 '수요'라 한다면, 최근의 일본 고용 시장은 공급이 부족한 상태라 할 수 있다. 기업의 전체 구인 수요는 증가한 반면, 취업을 희망하는 학생 수에는 큰 변동이 없어 취업의 문이 상대적으로 넓어진 것이다.

2010년부터 완전실업률(구직을 희망하며 지원하고 있는데도 일자리를 찾지 못한 사람을 '완전실업자'라 하며, 15세 이상 취업자와 완전실업자의 합계에서 완전실업자가 차지하는 비율을 가리켜 완전실업률이라 한다)은 줄곧 감소 경향을 보이고 있다. 기업들은 일손 부족을 우려하는 것과 동시에 우수 인재를 채용하고자 하는 의욕 또한 매우 높지만 한정된 학생들 중에서 우수한 입사 예정자를 확보하는 데 큰 어려움을 겪게 되었다. 이에 따

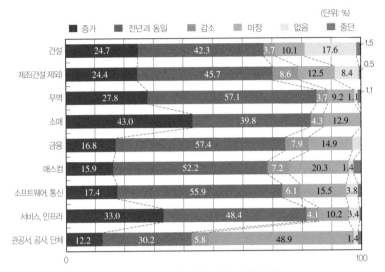

2019년 신입졸업생 채용 계획 — 인문계열

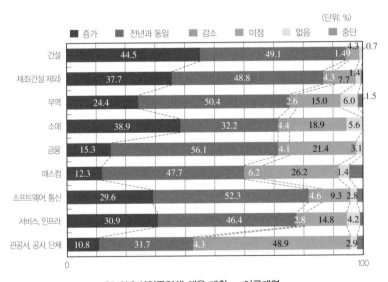

2019년 신입졸업생 채용 계획 — 이공계열

출처: 마이나비, '2019년 졸업생 채용 예정 조사', 2018년 4월

2부 일본은 구인난?

라 다양한 인재 확보를 위한 노력이 필요한 상황이다.

2018년의 채용 동향을 간략하게 요약해보자면, 형태나 방법을 불문하고 '채용 활동이 있었다'고 답한 기업이 97.5%에 이른다. 또한 2019년 채용 활동에 대하여 '계획이 전혀 없다'고 답한 기업은 전체의 2.2%에 불과하며, 대부분 2018년과 비슷한 수준 또는 채용 인원 증가 계획이 있다고 밝혔다. (2018년 채용 담당자 2,105명을 대상으로 한 인재 수요 조사, 마이나비)

한편, 일본의 신입사원 채용 일정은 일본 경제단체연합회가 '채용 전형에 관한 지침'을 정해 모든 기업들이 준수하도록 하고 있다. 이는 신입사원 지원자들의 적정한 채용, 취업 활동이 이루어지도록 구인·구직의 질서 유지, 공정하고 공평한 채용의 확보를 위한 것이다. 2016년(2017년 졸업생 대상)부터 3년 연속으로 3월부터 채용 홍보 활동 개시, 6월부터 전형 활동 개시, 10월 1일 내정이라는 일정이 변화 없이 계속 이어지고 있으며 이러한 채용 일정은 2019년(2020년 졸업생 대상)에도 유지될 예정이다. 그러나 업계, 기업별 취업설명회, 지원 서류 제출 등 상세 일정에는 조금씩 차이가 있으므로 채용 홍보 활동이 시작되면 본인이 관심을 가지고 있거나 지원 예정인 업계와 기업의 일정을 주의 깊게 확인해야 한다.

중소기업 입사에서 한국과 일본의 차이

한국과 일본의 중소기업은 각각 고용의 87.2%, 52.9%를 차지할 정도로 고용에 매우 중요한 역할을 하고 있다. 하지만 양국 구직자들의 중소기업 인식에는 큰 차이가 있다. 중소기업에 대한 인식 조사에서 한국은 안정성, 근로조건 등의 측면에서 부정직 인식이 있는 반면(중소기업중앙회, '2017 대국민 중소기업 이미지 인식도 조사 결과', 2017년 10월), 일본은 대기업 지향(52.8%)과 중소기업 지향(43.2%)에 큰 차이가 없다(마이나비, '2019년 졸업 대학생 취직 의식 조사', 2018년 4월).

중소기업 취업에 있어 한국과 일본의 차이는 우선 연봉에 있다. 한국의 중소기업 연봉은 대기업 대비 55% 정도인 데 비해 일본의 경우는 80% 이상이며, 신입사원의 경우 대기업 대비 90%를 훌쩍 넘는 수준이다(한국은행, '한국과 일본의 청년 실업 비교 분석 및 시사점', 2018년 12월). 연봉 상승률에서도 한국은 대기업과 중소기업의 차이가 3배 이상인 데 비해 일본은 대기업 연봉 상승률(11.5%)과 중소기업 연봉 상승률(9.5%) 사이에 큰 차이가 없다.

교육적 측면에서도 한국의 중소기업에서 신입사원을 뽑는 경우에는 입사 후부터 바로 성과를 내는 것을 목적으로 하기에 관련 경험이 있거나 소위 '스펙'이 좋은 사람들을 채용하는 경향이 강한 반면, 일본은 중소기업에서도 신입사원 교육을 철저히 진행해 직원의 성장을 적극적으로 지원하는 경우가 많다.

마지막으로 기술력 또한 일본의 중소기업이 갖고 있는 중요한 요소 중 하나다. 2016년 한국무역협회의 조사에 따르면 세계 수출 시장 1위 품목에서 일본은 5위, 한국은 13위를 차지했다고 밝혔다. 일본 기업의 기술력에 대한 투자가 결과로 나타난 것으로 보인다. 특히 2014년 노벨 물리학상을 받은 중소기업 회사원으로 유명한 나카무라 슈지의 사례에서 확인할 수 있듯 일본은 중소기업도 투자와 인재 육성을 적극적으로 지원하기에, 구직자 입장에서는 충분히 매력적인 요소로 작용할 수 있다.

이러한 일본 중소기업의 긍정적 면은 직원 개개인에게 동기를 부여하고 결과적으로 기업의 생산성으로도 연결되는 것으로 보인다. OECD의 조사에 따르면 노동생산성 측면에서 대기업을 100으로 설정할 경우 한국 중소기업은 32.5, 일본 중소기업은 50 수준으로 나타났다. 따라서 일본 취업에서는 대기업뿐만 아니라 중소기업까지 선택의 폭을 넓혀보는 것도 좋은 방법일 수 있다.

일본 기업의 업계별 한국인 채용 동향

마이나비코리아에서는 2011~2018년 8년 동안 한국에서 일본 본사 직원 채용을 실시한 기업들을 조사했다. 업종별로 보면 제조업이 34.8%로 가장 많았으며 서비스 및 인프라가 26.8%, 소프트웨어·통신이 26.4%, 상사가 6.6%, 유통·소매업이 2.9%를 차지하는 것으로 나타났다. 기업 규모별로는 300명 미만의 중소기업 비중이 49.9%로 가장 많았으며 본사 소재지는 도쿄가 1위, 그다음으로 치바현, 사이타마현을 포함한 관동지역에 위치한 기업들이 50% 이상이었다.

채용은 직종을 구분하지 않고 종합직 일괄 채용으로 진행하는 경우가 많았다. 어학 실력은 비즈니스 레벨 이상의 일본어 실력을 요구하는 기업이 많았고, 영어 실력 또한 중요하게 요구되었다. 특히 중견기업 또는 대기업에서는 영어 실력이 필수적으로 요구됐다. 여기에는 '한국인

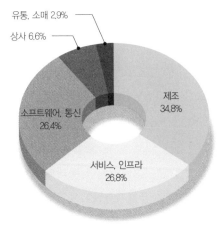

유통, 소매 2.9%

상사 6.6%

제조
34.8%

소프트웨어, 통신
26.4%

서비스, 인프라
26.8%

2011~2018년 한국 현지 채용을 실시한 일본 기업의 업종 비율

출처: 마이나비코리아

인재=일본어, 영어, 글로벌 마인드'라는 일본 기업의 인식도 영향이 큰 듯하다.

'Career in Japan KOREA' 시리즈를 통해서 한국 현지 채용을 실시한 기업들의 자세한 채용 정보를 보면 신입사원 종합직 일괄 채용을 진행한 기업이 대부분이다. 경력직 채용 수요는 최근에 들어서 나타나기 시작했다.

마이나비에서 실시한 조사에 따르면, 2017년도 기준 외국인 유학생 채용을 진행한 기업은 429사 중 34.8%에 이른다. 채용에 성공한 기업을 종업원 규모별로 살펴보면, 직원 수가 5,000명 이상인 기업의 70%, 3,000명 이상~5,000명 미만 기업의 40%가 외국인 유학생을 채용(예정)했다고 답했다. 또한 같은 조사에서 2018년에 채용 검토와 채용 계획이 있는 기업은 전체의 46% 수준으로, 외국인 유학생 채용 의사가 있

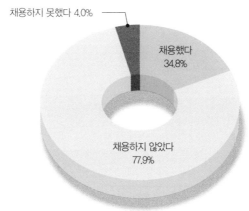

채용하지 못했다 4.0%

채용했다
34.8%

채용하지 않았다
77.9%

2017년도 외국인 유학생 채용 여부(429사 참여)

출처: 마이나비

는 기업의 수는 증가하고 있는 것으로 확인되고 있다. 이 중 제조업에
서는 48.8%의 기업이 채용을 예정하거나 검토 중인 것으로 나타나 과
반수에 가까운 기업이 외국인 유학생을 채용하고자 함을 알 수 있다.
과거 채용 실적이 없는 기업들 중에서도 31.7%의 기업이 외국인 유학
생 채용 계획이 있거나 검토 중인 것으로 나타났다. 동일한 역량을 갖
추었다면 외국인 유학생들도 일본 기업에 충분히 채용될 수 있을 것으
로 보인다.

　마이나비의 2017년 '외국인 유학생 채용 상황 조사'에 의하면, 외국
인 유학생의 채용 목적을 묻는 질문에 '국적을 불문하고 우수한 인재
를 확보하기 위해서'라고 대답한 비율이 50.6%로 절반 이상을 차지했
다. 그 뒤를 이어 '해외의 사업소나 법인에서의 고용, 배치를 염두에 두
고'가 23.4%, '외국어가 필요한 업무가 있기 때문'이 20.6%를 차지했다.

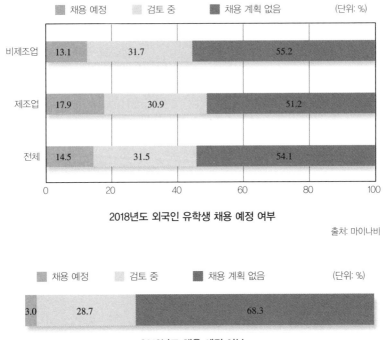

	채용 예정	검토 중	채용 계획 없음	(단위: %)
비제조업	13.1	31.7	55.2	
제조업	17.9	30.9	51.2	
전체	14.5	31.5	54.1	

2018년도 외국인 유학생 채용 예정 여부

출처: 마이나비

채용 예정	검토 중	채용 계획 없음	(단위: %)
3.0	28.7	68.3	

2018년도 채용 예정 여부

※ 2017년 채용 실적이 없다고 대답한 기업 334사 대상
출처: 마이나비

이는 글로벌 진출과 더불어 우수한 인재 확보를 염두에 두고 외국인 채용이 이루어지고 있음을 보여주는 것이라 할 수 있다.

한편 기업들이 유학생 채용에 나서게 된 계기로는 기업들의 글로벌 진출에 따른 사내 분위기 및 의식 변화의 영향도 크다. 최근 들어 'Diversity(문화다양성)'라는 단어를 자주 접할 수 있는데, 이는 1980년대 미국에서 처음으로 고안된 개념으로 지금은 '다양성'으로 해석되는 경우가 많지만 정확하게는 'Diversity&Inclusion'의 약자로, '다양성의 수용'을 의미하는 말이다. 최근 비즈니스 현장에서는 조직 내의 Diversity 를 도모하기 위해 많은 기업들이 여성, 고령자, 외국인 인재 고용에 적 극적으로 임하고 있다.

이처럼 외국인 유학생 및 해외 인재 채용 사례는 다양한 기업에서 확 인할 수 있다. 보다 자세한 정보는 한국에서도 매년 진행하고 있는, 마 이나비와 한국무역협회가 공동으로 주최하는 Career In Japan 취업박 람회를 주목하자. Career In Japan은 매년 6월경에 50여 개 기업이 참가 하는 국내 최고 수준의 취업박람회로 다양한 업종과 직무의 채용을 진 행하는 이벤트다. 채용 기업의 상세 정보는 마이나비코리아(http://www. mynavikorea.co.kr)에서 확인할 수 있다.

마이나비코리아 바로 가기

2

일본 기업의 구조와 업계별 채용 동향

일본 기업의 구조

일본에는 약 380만 개의 기업이 있다고 알려져 있다. 그중 99.7%가 중소기업이고, 0.28%가 대기업이다. 우리가 알고 있는 일본 기업이라면 0.28%에 속하는, 세계적으로 진출해 있는 대기업일 가능성이 높다.

그래서인지 많은 구직자들이 단순히 '대기업에 가고 싶다', '유명한 기업에 가고 싶다', '좋은 기업에 가고 싶다' 등 막연하게 생각하기도 한다. 하지만 아무리 좋은 옷이라도 본인에게 꼭 맞는 옷이 아니라면 불편하다. 대기업이라 하더라도 본인에게 맞지 않으면 일본 취업 생활에 만족하기가 어려운 게 사실이다. 한국무역협회 도쿄 지부에서 일본의 한국인 취업자 143명을 대상으로 한 설문조사 결과를 보면, 현지에

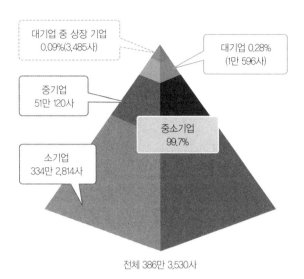

대기업 중 상장 기업
0.09%(3,485사)

대기업 0.28%
(1만 596사)

중기업
51만 120사

중소기업
99.7%

소기업
334만 2,814사

전체 386만 3,530사

일본 기업 구조

출처: 중소기업청 중소기업백서 2015, 일본거래소 2015년 9월 28일 시점

서 성공적으로 정착하기 위해서는 '적성에 맞는 직업 선택'이 가장 중
요하다고 입을 모았다(23.6%).

　실제로 외국인 학생들이 취업한 일본 기업들을 살펴보면 중소기업
이 많다. 2017년 일본 법무성 자료에 의하면 60% 이상의 외국인 유학
생들이 사원수 300명 미만인 중소기업에 입사했다. 또한 서울에서 진
행되는 취업면접회인 'Career in Japan 2017 KOREA'에 참가한 기업 중
50%가 300명 미만의 중소기업이었다.

상장, 비상장 기업

상장 기업

대기업	중소기업	벤처기업
東証一部 (도쿄 증권거래소 1부) 名証一部 (나고야 증권거래소 1부)	東証二部 (2부) 名証二部 (2부) 札証 (삿포로 증권거래소) 福証 (후쿠오카 증권거래소)	東証Mothers JASDAQ Standard JASDAQ (Gross) 名証Centrex 札証Ambitious 福証Q-Board
일류 기업과 유명 기업 다수	중소기업, 지방기업 상장	벤처기업 위주 상장

　일본은 기업 규모별로 상장하는 증권거래소가 나뉜다. 일본의 대기업은 도쿄 증권거래소 1부와 나고야 증권거래소 1부에, 중소기업과 지방기업은 도쿄 증권거래소 2부, 나고야 증권거래소 2부, 삿포로 증권거래소, 후쿠오카 증권거래소에 상장한다. 벤처기업은 東証Mothers, JASDAQ Standard, JASDAQ Gross 등에 상장하는 경우가 많다.

　상장 여부가 지원할 기업을 고르는 기준 중 하나라면, 일본은 대기업뿐만 아니라 중소기업 중에도 상장 기업들이 많으며 비상장 기업 중에도 유명 기업이 많다는 사실을 알아둘 필요가 있다. 상장 기업의 실적은 〈일본경제신문〉을 통해서 언제든지 편리하게 확인할 수 있다.

한국인 채용이 활발한 업계를 중심으로 살펴보는 일본의 업계 동향

1. 제조

일본에서 '메이커ㅅ—ヵ—' 업계, 일명 모노즈쿠리ものづくり* 산업이라고
도 불리는 제조업은 일본 국내총생산GDP의 약 20%를 차지하는 기간산
업이다. 일본의 제조업은 'Made in Japan'이 세계에서 높은 품질을 인정
받으면서 일본을 세계 2위의 경제대국으로 만들어내며 전후 양질의 고

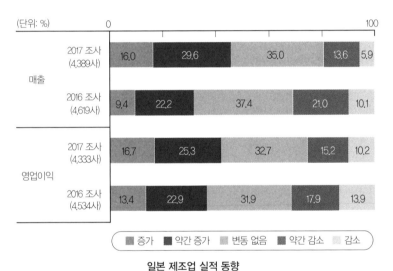

일본 제조업 실적 동향

출처: 일본 경제산업성, 2017년 12월

'모노즈쿠리'란?

1990년대 일본의 기업과 매스컴에서 사용하기 시작한 용어로, 최고의 제품을
만들기 위해 심혈을 기울이는 자세, 즉 일본 사회의 장인 정신을 뜻한다. 이러
한 의미가 확장되어 제조업 자체를 뜻하는 말로도 쓰인다.

용을 창출했고, 수출산업으로 외화를 벌어들였다.

그러나 1991년 일본 경제의 버블이 꺼지며 붕괴한 이후 20년 동안 일본 제조업은 경쟁력을 잃고 중국 기업들에게 밀려났다. 그러다 아베 신조 2차 내각이 출범한 2012년 12월 이후 6년째 경기 확장세가 지속되면서 제조업이 다시 부흥하고 있다. 영국의 다국적 컨설팅 그룹 딜로이트Deloitte에서 발표한 '2016년 세계 제조업 경쟁력 지수'를 보면 2013년 10위에 머물렀던 일본이 2016년 4위로 올라섰음을 알 수 있다. 딜로이트는 일본이 2020년에도 미국, 중국, 독일에 이어 4위를 차지할 것이라고 예측하고 있다.

전기 업계에서는 특히 인재 부족이 심각한 과제로 대두되기도 하였는데, 공장 자동화 등의 대안만으로는 한계가 있기 때문이다. 스마트공장화를 추진함에 있어서도 인력 문제와 설비투자 문제, 그리고 단계별 연계 등 현장 개선만으로는 해결이 어려운 이슈가 산재해 있다는 평가다. 제조 현장의 디지털화 추진과 함께, 디지털 역량을 보유한 인재를 채용 및 육성하는 것이 향후 일본 제조 업계의 급선무로 여겨지고 있다.

일본 제조업 채용 동향

2018년 일본 경제산업성 제조산업국의 조사에 따르면, 일본 제조업의 일손 부족은 94% 이상의 대기업과 중소기업에서 표면화되고 있으며 32%의 기업은 사업을 운영하는 데 실질적인 영향을 받고 있다고 답했다. 비즈니스에 영향을 받고 있다고 답한 상위 업계는 운송용 기계, 철강, 비철금속, 금속제품 업계였으며, 특히 기능인재 확보에 어려움을 겪고 있는 것으로 나타났다. 2018년을 기준으로 일본 제조업의 외국인 노동자 수는 전체 외국인 노동자의 30.2%에 해당하는 385,997명이다. 현재 일본에서는 개발도상국의 외국인 청년들을 기능 실습생으로 수용하는 제도를 시행 중인데, 77개 직종 가운데 식료품 제조와 주조, 금속프레스 분야 등에서 외국인 노동자의 진입 문턱을 낮추는 추세다. 금속프레스와 주조 작업은 자동차, 기계 등 기간산업 재료를 만드는 데 필수적이지만 일손이 부족한 탓에 중소기업의 구인난이 심각한 상황이다.

한국인 채용 동향을 보면 '기술·인문지식·국제업무' 비자를 통한 진출이 활발하며 전기기기, 중장비, 자동차 업계 등 기계, 전기, 전자 등을 전공한 기술직 대졸 신입사원 채용에 적극적이다. 일본에서 가장 선호도 높은 제조 기업 중 하나인 도요타자동차의 예를 보면 외국인 학생 역시 일본인 학생과 동일하게 사무직과 기술직 지원이 가능하다.

2. 소프트웨어, 통신

소프트웨어, 통신 업계는 각종 통신 장비를 개발하고 통신 서비스를 제공하는 통신 업계와 각종 시스템을 개발, 판매하는 소프트웨어 업계, 포털 사이트상의 서비스를 제공하는 인터넷 업계 등으로 구분된다. 대부분 내수 의존형 사업들이며 엔고의 영향을 거의 받지 않는다. 통신 업계의 경우, 현재는 주 고객 기업들의 불황, 시장의 포화로 새로운 비즈니스로의 전환이 필요해졌고, 이에 따라 스마트폰, 클라우드 컴퓨팅 관련 비즈니스의 규모 확장에 노력을 기울이고 있다. 일본의 소프트웨어 업계는 높은 성장을 계속할 것으로 예상되며, 과거 문제점으로 지적되었던 일본의 수직형 분업 구조에 의한 지원 기피 현상 역시 꾸준히 개선의 움직임을 보이고 있다. 또한 인터넷 업계는 업무 내용이 본인의 재량에 달려 있는 만큼, 스스로의 업무 스타일에 맞추어 자유롭게 일할 수 있다는 점에서 경력 단절 이슈의 해결책으로 제시되는 등 새롭게 주목을 받고 있다.

최근에는 아시아에 IT 사업 기반 거점을 두는 기업들이 많아져 그에 따른 일손 확보, 아웃소싱 체계 정비 등이 업계 내 주요 사업 과제로 여겨지고 있다. 이러한 기업들의 왕성한 IT 투자 의욕에 따라 관력 인력 수요는 꾸준히 유지될 전망이다.

경제산업성의 '특정 서비스 산업 동태 통계 조사' 통계표에 따르면 정보 서비스업 분야의 매출은 매년 증가하고 있으며, 향후에도 꾸준한 증가가 예상되는 업계다. IoT나 빅데이터 소프트웨어는 현재 성장 초기 단계지만 앞으로 고수익을 기대할 수 있는 분야다.

일본 소프트웨어, 통신업 채용 동향

일본의 소프트웨어, 통신 업계는 현재 전반적으로 일자리는 있으나 인재가 없는 상황이 계속되고 있다. 이에 따라 부족한 일손을 채우기 위해 문과 전공자를 채용해 IT 기술을 교육하는 기업도 있다(단, 외국인 문과 전공자일 경우에는 취업비자 취득을 위해 관련 자격증이 필요하다).

소프트웨어, 통신 업계는 업계 특성상 다른 업계에 비해 인재 육성에 시간이 걸린다. 이 때문에 만성적인 인재 부족 현상이 계속되고 있다. 기술을 보유한 인재 확보는 더욱 어려운 상황으로 기업들은 채용 시장에서 앞으로도 고전을 계속할 것으로 보인다.

주된 채용 직무는 사무, 영업, 고객 지원, 서비스 기획, 홍보 등이 있으며 전문 기술직에는 연구개발, 설비 건설, 보수 등이 포함된다. 향후에는 인공지능이나 클라우드 서비스의 보급에 대응하기 위해 업계 전반에서 전문 기술직을 중심으로 채용 수요가 대폭 증가할 가능성이 있다.

IT 업계는 피라미드 형태로 계약사로부터 각 단계의 하청 기업으로 세분화되어 있으며 업무 내용 역시 복수의 공정으로 세밀하게 구분되므로, 해당 업계에 지원하기 전에 본인이 흥미를 느끼는지 판단하고 특기 분야를 면밀히 분석할 필요가 있다. 개발 언어나 전문적인 지식은 입사 후에 본격적으로 연수 및 교육을 통해 습득할 수 있는 기회가 있으니 무엇보다 본인의 흥미와 적성이 매우 중요하다고 할 수 있다.

일본의 IT 대기업 후지츠는 2019년 신입사원 750명, 경력사원 150명의 채용 계획을 공개하였으며 단기적 경기 변동에 좌우되지 않고 매년 비슷한 인원을 채용할 방침을 밝혔다. 이노베이션 영역, 디지털 비즈니스 및 글로벌 비즈니스 확대를 위한 AI, IoT, 클라우드, 시큐리티 등 성장 영역 관련 인재의 대규모 채용이 예상된다.

3. 서비스, 인프라

일본의 레저 업계는 유명 테마파크 사업 등으로 내국인에게 친숙하지만 전체적으로는 규모 감소 경향을 보이고 있다. 동일본 대지진 및 세계 불황, 고령화, 저출산 현상이 그 원인으로 분석되며 이러한 구조적 문제를 극복하기 위해 일본 국내에 한정하지 않고 해외로부터의 고객 유치에도 공을 들이고 있다.

엔터테인먼트 업계에는 영화 및 영상, 음악, 게임 등이 있다. IT화와 더불어 인터넷, 스마트폰의 진화로 아날로그에서 디지털로의 전환이 이루어져 콘텐츠 제작을 중심으로 한 엔터테인먼트 업계에도 큰 변혁이 일어나고 있다. 모바일 콘텐츠 다운로드나 이용이 늘고 이에 따른 모바일 결제라는 새로운 서비스가 나타나고, 모바일이 새로운 광고 미디어로 부상하면서 광고 업계와의 연계도 활발히 진행 중이다.

매스컴 업계는 TV, 신문, 출판, 광고의 4개 업계가 존재하며 이 중 TV와 신문 업계는 밀접한 관계가 있다. 최근 스마트폰 사용량 증가에 따른 이용률 감소를 극복하기 위해 인터넷과의 연계 서비스를 적극적으로 개발하는 추세다.

복지, 교육 업계는 이용자에게 다양한 간호 서비스를 제공하는 간호업, 특정 목적에 관한 학습을 제공하는 학원, 통신 교육, 보다 전문적이고 고도의 지식 학습에 관한 서비스를 제공하는 대학, 전문학교가 있다. 복지, 교육 서비스 업계는 사람이 사람에게 서비스를 제공하는 업종이므로 저출산·고령화의 영향을 가장 먼저 받는다. 저출산·고령화에 의해 국가적 방침도 점점 변화하고 있으므로 향후 보다 전문적인 서비스를 창출, 기획하여 고객에게 제공하는 등 차별화를 이루어가는 것이 중요할 것으로 보인다.

컨설팅 업계에서는 기업이나 각종 단체의 여러 가지 과제를 중립적인 입장에서 분석해 문제점과 원인을 도출하고, 해결책 제시 및 그 실행을 지원하는 업무 전반을 수행한다. 기술의 발전과 글로벌화가 급속히 진행됨에 따라 기업 경영이 나날이 복잡해지면서 컨설팅에 대한 수요 역시 갈수록 증가할 것으로 예상된다.

인프라 업계에는 건설, 주택, 부동산 등이 있다. 토지, 건물은 남녀노소 연령에 관계없이 모든 사람에게 필요한 것이다. 규모가 굉장히 큰 업계이므로 나라 전체의 경기를 좌우한다고 해도 과언이 아니다. 특히 동일본 대지진과 일본 경제 회복, 도쿄올림픽 등의 영향으로 수도권을 중심으로 건설 경기가 회복되고 있으나 저출산·고령화 영향으로 당분간은 전반적인 시장의 축소가 계속될 전망이다. 이러한 상황에서 많은 기업들은 태양광 발전 등을 이용한 환경 친화적인 사업으로 차별화하거나 해외 진출을 추진하고 있다.

에너지 업계는 석유, 전력, 가스로 구분된다. 2011년 대지진 이후 후쿠시마 제1원자력발전소 사고의 영향으로 에너지 업계를 둘러싼 환경이 크게 변화했다. 원자력발전은 앞을 내다볼 수 없고, 화력발전은 연료비 부담이 큰 상황에서 태양광 등을 이용한 새로운 에너지 자원 개발이 필요해진 상황이다.

일본 서비스, 인프라 산업 채용 동향

간호 서비스의 경우, 매출은 증가 추세를 보이지만 인재 확보가 큰 과제로 남아 있다. 저출산·고령화로 새로운 비즈니스 모델을 비롯해 다양한 서비스가 요구되며 관련 지식과 기술 또한 더욱 중요해지고 있다. 고령자는 계속 증가하고 있으므로 안정적인 성장이 예상되며, 국가적으로도 정책적인 면에서 주목하고 있는 업계다. 2017년 9월부터는 외국인이 취득 가능한 재류자격에 '간호'가 추가되어 외국인 채용 수요 또한 계속해서 증가할 것으로 보인다.

내수에 의존하는 간호 서비스 이외의 서비스업들은 해외 진출 가능성이 매우 큰 분야다. 관광 산업의 지속적인 발전으로 레저 분야 또한 외국인이 활약할 수 있는 기회가 더욱 증가할 것으로 보이며, 부동산을 비롯한 그 밖의 인프라 업계에서도 해외 진출의 중요성이 커진 만큼 기업들이 글로벌한 시야를 가지고 적극적으로 외국인 채용에 나설 것으로 예상된다. 또한 인프라 업계는 유관 기술이나 자격을 습득하면 취직 이후에도 전문 지식을 살려 각종 계획, 설계, 시공 등에 폭넓게 참여할 수 있기에 채용 기회 대비 각광을 받고 있다. 그 외에도 안정된 근무 형태 및 승급 기회, 일의 보람, 우수한 복리후생 등 업계 자체가 가진 매력이 크기 때문에 구직자들의 인프라 업계 선호도는 지속적으로 높아질 전망이다.

레저 업계의 대기업 JTB그룹은 스스로 성장해나가는 '자율 창조형 사원'이란 인재상으로 그룹사 합동 채용을 진행할 예정이다. 지원자는 회사를 특정하지 않고 그룹 전체에 지원하는 '그룹 종합직', 응모 시에 희망하는 회사를 선택하는 '각사 종합직', 그리고 희망 회사는 물론 종사하고 싶은 업무, 근무지 등을 지정하여 지원하는 '각사 기간직'의 3개 유형 중에서 선택해 지원할 수 있다.

4. 상사

상사는 다양한 제품을 취급하는 종합상사와 특정 분야에 특화된 전문상사로 나누어져 있으며, 주된 역할은 유통(무역, 판매, 물류), 금융, 정보 3가지라고 할 수 있다. 유통 업무는 국내외 제조사의 제품을 소매점에 판매하는 것으로 중개수수료를 취득하는 업무다. '라면부터 비행기까지'라는 표현에서 알 수 있듯 종합상사는 친근한 식료품부터 산업의 기간이 되는 석유나 천연가스 등의 자원, 더 나아가 금융, 우주 개발까지 다양한 사업에 영향력을 미치고 있다.

전문상사는 유통 업무를 메인으로 하고 있으며, 종합상사 또한 이전에는 이 업무가 대부분을 차지하고 있었다. 그러다 1970년대부터 대형 제조사가 유통 업무를 독자적으로 행하게 되면서 유통 업무는 대폭 감소하였고, 금융의 비율이 높아졌다. 금융 업무에서는 무역 금융이라 불리는 대금 결제나 자금 조달, 투자 등을 행하고 있으며 투자 대상은 광물, 에너지 자원을 중심으로 부동산, 물류, 환경, 인프라, 미디어, 의료 등 다양한 분야에 걸쳐 있다. 이에 따라 다양한 분야에서 독자적인 밸류체인(조달, 제조, 유통 등 각 단계에서 가치를 부가하는 과정)을 구축할 수 있게 되었다. 정보는 말 그대로 세계 각국에 전개하고 있는 종합상사만의 네트워크나 현지 정보가 그 자체로 귀중한 재산이라고 할 수 있다.

재무성의 무역 통계에 따르면, 2017년 수출 총액은 전년도 대비 11.8% 증가한 78조 2,865억 엔, 수입은 14.1% 증가한 75조 3,792억 엔으로 세계적인 경기 회복의 영향으로 수출, 수입 모두 2016년 기록을 웃돌았다. 수출액에서 수입액을 제한 무역수지는 2조 9,073억 엔을 기록, 2년 연속으로 무역수지 흑자를 기록했다. 원유 가격 하락의 일시적 안정기, 수출 및 수입의 지속적인 증가로 상사는 지속적인 성장이 기대되는 업계 중 하나다.

일본 상사 업계 채용 동향

상사 업계는 그 특성상 해외 업무가 많을 수밖에 없다. 따라서 현지의 언어나 문화에 곧장 적응할 수 있는 글로벌 인재 육성이 매우 중요하며, 이에 따라 각 기업에서는 꾸준히 인재, 서비스, 기업의 국제화를 서두르고 있다. 글로벌화에 앞선 기업이 경쟁력에서도 우위에 설 것이기 때문이다.

상사의 경우 해외에도 거점이 많고, 글로벌한 규모로 사업을 전개하기 때문에 영어가 요구된다. 꾸준히 인기가 있는 업계이며 다양한 환경과 분야에서 활약할 수 있는 유학생 채용 또한 적극적으로 실시하고 있다. 유명 종합상사인 I사의 경우, 2009년 말까지 본사의 모든 영업 부문에서 외국 국적 사원의 배치를 의무화했다. 다양한 현장에서 외국인 사원들의 활약을 기대한다는 계획이었다. 이처럼 사내문화에서부터 외국인 사원들에게 열려 있는 분위기를 조성하려는 노력을 기울이는가 하면, 해외 현지 채용도 적극적으로 실시하고 있다. 2018년 채용에서는 유명 종합상사 M사가 북미 등 해외 대학을 방문해 취업설명회를 개최하였고, I사도 첫 해외 신입사원 채용 활동을 개시하였다.

5. 금융

금융 업계에는 예금 및 저금, 대출 등을 행하는 은행, 주식 매매나 주식 발행을 서포트하는 증권, 개인이나 기업 출처의 보험료를 운용하는 생명보험 및 손해보험, 대부업을 행하는 논뱅크(비은행권) 등이 있다.

금융 업계 내 사업 규모를 단순하게 비교하면, 은행 관련 사업들이 압도적으로 큰 부분을 차지하고 있다. 그러나 은행 관련 사업들은 최근 들어 그 점유율이 감소하고 있는 추세다. 가장 큰 원인은 저금리 정책의 영향이라고 할 수 있다.

간단히 업무 내용을 설명하면, 은행은 고객이 예금한 예금액을 개인이나 기업을 대상으로 대출하며, 예금금리와 대출금리의 차액분을 주된 수익원으로 한다. 대출 방법에는 기업의 설비투자 등 융자, 개인 대상으로는 주택 구입 자금이나 교육 자금 등의 융자를 행한다.

증권사는 고객이 주식, 채권 등 금융상품을 구입할 때의 중개수수료나 자사가 직접 운용하는 운용 수익을 주된 수익원으로 한다. 법인 대상으로는 주식, 채권을 발행하거나 인수·합병 관련 어드바이스를 제공하는 등 전문적인 지식을 바탕으로 한 솔루션을 제공한다.

보험사는 고객으로부터 받은 보험료를 주식, 채권으로 운용해 수익을 얻는다. 크게 생명보험과 손해보험으로 나눌 수 있는데, 생명보험은 사람의 생존, 사망에 관한 손실을 대상으로 한 보험을 제공하며 손해보험은 자동차나 화재, 지진 등 재물의 손실을 대상으로 한 보험을 제공한다.

논뱅크는 은행과 달리 예금 업무를 행하지 않고 자금의 대출만을 행하며 이익을 얻는 금융기관의 총칭이다. 개인 대상으로 소액 무담보 융자를 행하는 소비자 금융 등이 이에 해당한다. 구체적으로 소비자 금융회사, 사업 금융회사, 리스, 신용카드사, 벤처캐피탈 등이 포함된다.

금융 업계의 전반적인 동향은 어떨까. 놓치지 말아야 할 것은 최근 금융 업계에 급속히 도입되기 시작한, IT 기술을 활용한 인터넷 거래 금융상품과 서비스의 발전이다. 스마트폰이나 PC만으로도 간단하게 거래가 가능하게 되면서 금융 업계 전반에 큰 영향을 미치고 있다.

이에 따라 현재 다른 업종들에서도 금융 업계 진출을 꾀하고 있다. 특히 타 업종의 기업들이 금융 산업의 결제 수단 분야로 진출하는 현상은 앞으로도 활발해질 전망인데 대표적인 예로 인터넷 서비스 기업인 '라쿠텐'을 들 수 있다. 라쿠텐은 매출의 50% 이상을 금융 사업에서 달성할 정도로 높은 실적을 기록하고 있다. 또한 자금 업계에 관한 서비스도 이전에 비해 새롭게 증가하고 있다. 거래 이력을 기록하는 블록체인 기술 또한 주목도가 높아지고 있으며, 금융 업계에서 업무 효율을 높이고자 하는 연구도 활발히 진행되고 있다.

2008년 리먼 쇼크를 계기로, 지금까지 국제금융 경제의 중심적 존재였던 미국 금융 업계가 재편성되고 유럽에서는 재정 위기가 발생하는 등 금융 불안이 계속되고 있다. 세계적인 규모의 주가 하락 영향으로 일본의 금융 업계도 수익이 악화되는 동시에, 금융 자유화에 의해 보험이나 증권 판매의 경쟁 또한 심화되고 있는 상황이다. 하지만 국제적인 금융 불안이 지속되는 중에도 일본이 세계 경제에 끼치는 영향은 무척이나 크기 때문에 일본 금융 업계의 해외 전략은 향후에도 활발하게 전개될 것으로 예상된다.

일본 금융 산업 채용 동향

금융 업계는 줄곧 인기가 많았다. 경기에 따라 부침이 있기도 하지만 비교적 높은 연봉 수준을 유지하고 있기도 하다. 금융 업계 또한 글로벌화가 많이 진행된 업계이며, 최근 들어 IT 기술이 많이 접목되고 있다. 이에 따라 전문적인 지식이 요구되는 은행과 증권사는 해외 출신 유학생을 꾸준히 채용하고 있으며, 앞으로 금융 기술 발전에 따라 새로운 분야에서도 채용 가능성이 높아질 것으로 예상된다.

금융 업계는 높은 전문성을 요구하거나 전공과의 연관성을 중시하는 경우가 많다. 구체적으로는 경영학부, 경제학부 등 관련 학부 전공자가 많이 채용되는 경향이 두드러진다. 해외 거점과의 연계, 해외 이슈 등의 증가로 외국어 능력 또한 높은 수준이 요구된다.

일본의 금융 기업이라 하면 가장 먼저 떠오르는 일본 최대 메가뱅크 M은행은 적극적으로 외국인을 채용하고 있다. 채용 이유로는 '향후 글로벌 입지를 더욱 높이기 위해서', 구체적으로는 '대규모 안건의 자금을 조달하는 해외 현지 기업과의 연계', '해외 거점의 전개'를 목표로 함을 밝힌 바 있다. 최근에는 외국인 한정 신입사원 채용설명회를 개최한 이력도 있을 만큼 외국인 채용에 적극적이다. 주된 채용 분야는 국내외 거점에서 국제 업무나 투자은행 업무를 수행하는 전문직 포지션이 많다.

한편, 최근의 트렌드로 금융 업계에 IT 기술을 접목한 새로운 형태의 금융 거래가 발전을 거듭하는 것과 관련해 IT 솔루션 기획, 개발, 운용 분야가 주목받고 있다. 이미 금융 비즈니스에서 IT는 불가결한 기술이며 비즈니스 수익원의 중핵 기능으로 인식되고 있다. 증권 업계 1위인 N증권의 IT 기술부는 현재 부서 내 외국인 비율이 약 70%에 이른다고 밝힌 바 있으며, 빠르게 발전하는 세계적인 기술 변화에 대응하고자 하고 있다.

6. 유통·소매

유통·소매는 전반적으로 안정적인 매출을 올리는 업계 중 하나이지만 최근에는 저출산·고령화, 가격경쟁 심화, 리먼 쇼크, 전반적인 소비 감소라는 4가지 요인으로 매출 증가에 어려움을 겪고 있다.

소매업은 소비세 증세나 세계 경제 위기 등 정책이나 경기 상황에 큰 영향을 받는다. 현재는 비교적 정세가 안정되고, 아베노믹스 등 정책적으로 플러스 요인이 많아 업계의 매출도 비교적 안정된 양상을 보이고 있다. 매출의 큰 증가가 좀처럼 어려운 와중에 인터넷 쇼핑이나

TV 홈쇼핑, 통신 판매업 등 새로운 형태의 소매가 새롭게 등장하고 있기도 하다. 다양화되는 소비자들의 요구에 대응하기 위해 업계 관계자들도 각 분야에서 노력을 기울이고 있다.

경제산업성의 산업 동태 통계 조사에 의하면, 일본의 2017년 소매 판매액은 140조 6,660억 엔으로 전년 대비 0.4% 감소를 기록했다. 전년에 비해 편의점, 슈퍼마켓, 드럭스토어 분야는 매출이 증가했고, 가전양판점, 홈센터(주거 공간을 꾸밀 수 있는 소재나 도구를 판매하는 상점)도 소폭 증가했으나 백화점은 소폭 감소했다. 2013년경부터 일본 국내 경기는 엔저, 닛케이 지수 상승 등의 요인으로 회복 조짐을 보이고 있다. 하지만 실적을 유지하는 기업과 그렇지 않은 기업의 격차가 극심해지고 있으며, 앞으로의 일본 국내 시장은 축소의 우려가 있어 업계 내에서의 경쟁은 더욱 치열해질 가능성이 있다.

일본 유통·소매 산업 채용 동향

전 세계적으로 유통 산업은 어려운 상황에 놓여 있으며 특히 더 고전 중인 분야가 바로 종합 슈퍼마켓이다. 그 원인으로 엔고와 국내 주가 하락에 의한 경기 침체, 소비세율 인상 연기로 당장의 소비가 감소한 점, 인바운드 수요가 고가 상품에서 화장품, 가정용품 등으로 이동하면서 고객 단가가 떨어졌다는 점을 들 수 있다. 또한 전자상거래 시장의 확대로 일손 부족이 계속되고 있으며 운송 의뢰인의 수요가 다양화되는 등 물류 업계를 둘러싼 환경이 크게 변화하고 있다.

편의점 업계는 자본 업무 제휴를 맺거나 연계를 통해 업계 내 큰 규모의 재편이 일단락되어 고전 중인 종합 슈퍼마켓 부문을 대신해 유통 업계의 주축이 되고 있다.

도매 부문에서는 특정 지역에서의 점유율 획득을 목표로 기업 매수나 합병이 증가하고 있으며, 특히 최근에는 도심에서의 점유율을 어떻게 획득해갈 것인지가 큰 과제로 대두되고 있다. 또한 타이, 인도네시아, 말레이시아 등 동남아시아 지역들의 기업 매수를 진행하는 등 해외 점유율 확대를 위해 적극적으로 움직이고 있기도 하다. 해외 진출의 중요성이 커진 상황에서 그에 필요한 해외 인재들의 필요성을 인식해 한국인 채용 사례 또한 많은 편이다.

특히 눈에 띄는 것은 편의점 업계의 외국인 채용 증가다. 업계 1위인 S사는 채용 정보 사이트에서 해외 대학 출신 학생 및 외국인 유학생을 대상으로 하는 페이지를 별도로 마련하고 있다. 업계 2위인 F사와 3위 I사는 2017년 각각 채용 인원의 18%, 17%를 외국인 신입사원으로 채용한 이력이 있다. 3사 모두 종합직으로 외국인을 채용하고 있으며, 해외사업부뿐만 아니라 가맹점을 관리하는 슈퍼바이저 등 다양한 포지션에서의 인재 육성을 실시하고 있다. F사의 인사 담당자는 2017년에 입사한 외국인 사원 52명 중 일본에 유학 중이었던 외국인이 39명, 해외에서 채용한 외국인이 13명이라고 밝혔다. 이들의 출신국은 중국, 타이완, 한국 등 동남아시아 나라들이 대부분이었으며, 해외 유명 학교 출신 등 우수한 인재가 많았다.

일본 업계 정보 찾는 방법

1. 업계 지도 참고

《회사 사계보 업계 지도 2019년》, 동
양경제신문사, 2018년 9월

일본 대학생들이 취업 활동을 할 때
필수로 보는 업계 지도다. 세계 시장에서
일본 기업의 위치를 조망하며 각 업계의
동향, 주요 기업별 매출액, 영업이익 등
이 매우 상세하게 나와 있다. 업계별 동
향을 파악하기에 좋은 책이다.

2. 각 업계별 단체 사이트 활용

지원하고자 하는 업계를 심층적으로 분석하고 싶다면 업계별로 단
체가 운영하는 사이트를 활용하는 것이 좋다. 각 사이트에는 업계의 전
반적인 실적 현황은 물론 주요 기업의 실적 등에 대한 정보도 얻을 수
있어 실적을 중심으로 업계의 움직임을 확인할 수 있다.

○ 자동차

일본자동차공업회 http://www.jama.or.jp

- 일본의 자동차 업계 기업 정보, 취업 인원, 수출 현황 등에 대한
정보를 확인할 수 있다.

○ 편의점

일본프렌차이즈체인협회 http://www.jfa-fc.or.jp

- 일본 국내의 편의점 매출 및 점포 수 등의 현황을 확인할 수 있다.

○ 여행

국토교통성관광청 http://www.mlit.go.jp/kankocho

- 일본 출입국자 수와 여행업, 호텔 등의 영업 상황에 대한 정보
를 얻을 수 있다.

2019년 일본의 대학 졸업생들이 뽑은 취업하고 싶은 기업 BEST 10

문과 전공생

순위	기업명(영문)	산업 구분
1	ANA	항공
2	JAL	항공
3	Mizuho Financial Group	보험
4	Nippon Life	여행
5	Daiwa Securities Group	서비스
6	The Bank of Tokyo-Mitsubishi UFJ	여행
7	Meiji Group	전기기기
8	JTB Group	보험
9	Nomura Securities	종합상사
10	Bandai Namco Entertainment	화장품

이과 전공생

순위	기업명(영문)	산업 구분
1	Sony	전기기기
2	Ajinomoto	식품
3	Meiji Group(Meiji,Meiji Seika Pharma)	식품
4	Kagome	식품
5	Suntory Group	식품
6	Morinaga Milk Industry	식품
7	NTT Data	통신
8	Shiseido	화장품
9	Toyota Motor	자동차
10	Asahi Breweries	식품

출처: 마이나비와 일본경제신문 합동 조사 자료, 2018년 4월

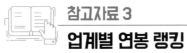

참고자료 3
업계별 연봉 랭킹

순위	업계	평균 연봉
1	벤처캐피털	1,436만 엔
2	외자계 금융	850만 엔
3	증권, 투자은행	825만 엔
4	부동산	760만 엔
5	생명보험, 손해보험	736만 엔
6	금융 종합 그룹	659만 엔
7	주택, 건재, 익스티어리어	655만 엔
8	리폼, 내장공사	620만 엔
9	정밀기기	610만 엔
10	환경 관련 설비	601만 엔
11	전문 컨설턴트	596만 엔
12	건설 컨설턴트	590만 엔
13	상품 거래	582만 엔
14	통신 관련	576만 엔
15	건설, 토목	573만 엔
16	관공청	573만 엔
17	은행	561만 엔
18	전문점(자동차 관련)	553만 엔
19	종합전기	548만 엔
20	설계	546만 엔

출처: 2017년 4월~2018년 3월 중 마이나비전직 사이트에 게재된 포괄 산정 연봉에서 평균치 산출
(마이나비전직: 이용자의 73%가 35세 이하로, 젊은 이직자를 대상으로 하는 이직 전용 사이트)

일본 제조 업계에 대한 자세한 정보들

1. 전자기기: 가정용 전자기기, AV기기, 공조설비 등 제조

- 업계 규모: 83조 엔
- 평균 연봉: 636만 엔, 대기업 706만 엔

2018 전자기기 업계 기업 매출 랭킹

HITACHI		SONY		Panasonic	
매출: 9조 3,686억 엔 사원: 3만 4,925명(연결 30만 7,272명) 사업: 정보 통신 시스템, 사회 산업 시스템, 전자 장치 시스템, 건설 장비 등 설립: 1920년(창업 1910년) 본사: 도쿄 해외 거점: 미국, 싱가포르 등		매출: 8조 5,439억 엔 사원: 2,428명(연결 117,300명) 사업: 모바일&커뮤니케이션, 반도체, 영화, 게임&네트워크서비스 등 설립: 1946년 본사: 도쿄 해외 거점: 미국, 중국, 인도 등		매출: 7조 9,821억 엔 사원: 6만 1,311명(연결 27만 4,143명) 사업: 가정용 전자기기, 전자제품, FA기기, 정보통신 등 설립: 1935년(창업 1918년) 본사: 오사카 해외 거점: 미국, 중국, 말레이시아 등	
평균 연령: 41.7세 평균 연봉: 871만 엔 초봉: 21만 1,500엔	한국인 채용 실적 ☑	평균 연령: 42.3세 평균 연봉: 1,013만 엔 초봉: 21만 9,000엔	한국인 채용 실적 ☑	평균 연령: 45.6세 평균 연봉: 768만 엔 초봉: 21만 1,500엔	한국인 채용 실적 ☑
MITSUBISHI ELECTRIC		FUJITSU		TOSHIBA	
매출: 4조 4,311억 엔 사원: 3만 4,561명(연결 14만 2,340명) 사업: 반도체, 전자기기, 가전제품, IT 솔루션 등 전자기기 및 시스템 기술 등 설립: 1921년 본사: 도쿄 해외 거점: 미국, 독일, 프랑스 등		매출: 4조 983억 엔 사원: 3만 2,969명(연결 14만 365명) 사업: ICT 분야의 각종 서비스, 전자 디바이스 개발 등 설립: 1935년 본사: 도쿄 해외 거점: 미국, 프랑스, 중국 등		매출: 3조 9,476억 엔 사원: 3,462명(연결 14만 1,256명) 사업: 에너지, 사회인프라, 전자 장치, 디지털솔루션 영역 등 설립: 1904년 본사: 도쿄 해외 거점: 미국, 프랑스, 독일 등	
평균 연령: 40.2세 평균 연봉: 792만 엔 초봉: 21만 1,500엔	한국인 채용 실적 ☑	평균 연령: 43.3세 평균 연봉: 790만 엔 초봉: 21만 500엔	한국인 채용 실적 ☑	평균 연령: 43.5세 평균 연봉: 815만 엔 초봉: 21만 1,500엔	한국인 채용 실적 ☑

- 한국인 채용 사례

예) Hitachi

    - 외국어: 일본어(비즈니스 레벨), 영어(비즈니스 레벨)

    - 모집 직종: 전공 불문 / 종합직 일괄 채용

예) Toshiba

    - 외국어: 일본어(비즈니스 레벨), 영어(회화 레벨)

    - 모집 직종: 반도체/HDD 부문 영업직, 재무, 경리, 인사, 총무

2. 전자부품: 모니터, 축전기, 반도체 등을 제조

- 업계 규모: 11조 엔
- 평균 연봉: 593만 엔

2018 전자부품 업계 기업 매출 랭킹

KYOCERA		Nidec		muRata	
매출: 1조 5,770억 엔 사원: 1만 8,451명(연결 7만 5,940명) 사업: 반도체부품, 전자부품, 태양광 발전 시스템, 통신기기 등의 제조, 판매 설립: 1959년 본사: 교토 해외 거점: 미국, 이탈리아, 멕시코 등		매출: 1조 4,880억 엔 사원: 2,576명(연결 10만 7,062명) 사업: 정밀 소형 모터, 자동차 및 가전·상업·산업용 모터, 기기장치, 전자 광학 부품 등의 개발, 제조, 판매 설립: 1973년 본사: 교토 해외 거점: 중국, 영국, 미국 등		매출: 1조 3,718억 엔 사원: 8,385명(연결 5만 9,533명) 사업: 기능적 세라믹을 기반으로 한 전자 장치의 연구 개발, 생산, 판매 설립: 1950년 본사: 교토 해외 거점: 영국, 독일, 미국 등	
평균 연령: 41.6세 평균 연봉: 720만 엔 초봉: 21만 3,000엔	한국인 채용 실적 ☑	평균 연령: 39.5세 평균 연봉: 663만 엔 초봉: 21만 1,500엔	한국인 채용 실적 ☑	평균 연령: 40.1세 평균 연봉: 744만 엔 초봉: 21만 1,500엔	한국인 채용 실적 ☐

TDK	OMROM	ALPS
매출: 1조 2,717억 엔 사원: 5,055명(연결 9만 1,648명) 사업: 전자재료, 전자장치, 전 자부품의 제조 판매 설립: 1935년 본사: 도쿄 해외 거점: 중국, 미국, 프랑스 등	매출: 8,599억 엔 사원: 4,766명(그룹 3만 6,008명) 사업: 제어기기, 전자부품, 가 전제품 부품, 사회 인프 라, 의료, 환경 등 설립: 1948년 본사: 교토 해외 거점: 미국, 프랑스, 독일 등	매출: 8,583억 엔 사원: 5,590명(연결 4만 2,053명) 사업: 전기 제품, 자동차, 가전, 정 보 통신 기기, 스마트폰 등 설립: 1948년 본사: 도쿄 해외 거점: 독일, 이탈리아, 미국 등

평균 연령: 43.7세 평균 연봉: 815만 엔 초봉: 21만 1,500엔	한국인 채용 실적 ☑	평균 연령: 44.1세 평균 연봉: 804만 엔 초봉: 21만 1,500엔	한국인 채용 실적 ☑	평균 연령: 43.1세 평균 연봉: 634만 엔 초봉: 21만 500엔	한국인 채용 실적 ☐

　　모터, 축전기, 배선 접속에 사용하는 커넥터에서 반도체까지 다양한 전자부품을 제조한다. 컴퓨터, 휴대폰, TV, 자동차 브레이크와 변속기 등 전자제어를 필요로 하는 부분에 활용된다. 기업은 전자기기 업계와 동일하게 전문 분야에 특화된 중견기업과 전체를 취급하는 대기업으로 나뉜다. 일본 국내 업계 규모는 약 11조 엔이고, 전 세계 전자부품 시장에서 일본 기업이 약 40%를 점유하고 있다. 그러나 타이완의 YAGEO, 한국의 SEMCO가 기술력 높은 제품을 개발하면서 세계 시장에서의 경쟁이 심화되고 있어 일본 기업도 이에 맞서기 위해 차별화에 노력 중이다.

● 한국인 채용 사례

예) KYOCERA

　　－ 외국어: 일본어(비즈니스 레벨), 영어(비즈니스 레벨)

　　－ 모집 직종: 종합직 일괄 채용

　　　☞ 기술계열: 연구/개발설계/생산설계, 제조기술/품질평가기

술(신뢰성 평가, 해석 기술)/사내 SE(정보시스템 네트워크 엔지니어)/환경관리, 전기설비관리/지적재산 등

☞ 사무계열: 영업, 마케팅, 재무, 인사, 총무 등

3. OA · 정밀기기: 프린터, 디지털복합기, 카메라 등을 제조

- OA기기
  - 업계 규모: 8조 엔
  - 평균 연봉: 762만 엔
- 정밀기기
  - 업계 규모: 5조 엔
  - 평균 연봉: 611만 엔

복사기, 팩스, PC, 프린터 등의 OA기기와 디지털카메라, 렌즈, 의료기기 등의 정밀기기를 제조한다. 이 업계 기업들의 주된 모집 직종은 사무직의 경우 영업, 홍보, 상품기획이고, 기술직은 제품설계, 개발, 생산관리 등이다. 해외 매출 비율이 높은 기업이 많아 영어나 중국어 등 외국어 실력을 요구하는 기업이 많다. 단, 업계 내에서도 영상처리와 재료기술 등으로 분야가 세분화되어 있어 프린터, 디지털카메라 등 담당하는 제품에 따라 업무 내용은 매우 다르다.

2018년 OA기기 업계 기업 매출 랭킹

FUJIFLIM	RICOH	Canon
매출: 2조 4,333억 엔 사원: 7만 8,501명(연결) 사업: 디지털카메라, 의료영상 진단기기, 산업 장비, 그래픽 시스템 사업 등 설립: 1934년 본사: 도쿄 해외 거섬: 미국, 프랑스, 이탈리아 등	매출: 2조 633억 엔 사원: 7,740명 사업: 사무실 프린팅, 오피스 서비스, 상업용 인쇄, 광학기기, 전기장치 등 설립: 1936년 본사: 도쿄 해외 거점: 미국, 브라질, 프랑스 등	매출: 1조 8,990억 엔(OA기기 부문) 사원: 2만 6,075명(연결 19만 7,673명) 사업: 복합기, 프린터, 상업 인쇄용 프린터 등 설립: 1037년 본사: 도쿄 해외 거점: 미국, 프랑스, 독일 등

평균 연령: 42.7세 평균 연봉: 971만 엔 초봉: 23만 5,000엔	한국인 채용 실적 ☐	평균 연령: 44세 평균 연봉: 805만 엔 초봉: 22만 엔	한국인 채용 실적 ☐	평균 연령: 43.5세 평균 연봉: 782만 엔 초봉: 22만 1,000엔	한국인 채용 실적 ☐
EPSON		**KONICA MINOLTA**		**Brother Industries**	
매출: 1조 1,021억 엔 사원: 1만 2,502명(연결 8만 928명) 사업: 프린팅 솔루션, 비주얼 커뮤니케이션, 웨어러블 산업 등 설립: 1942년 본사: 나가노현 해외 거점: 미국, 캐나다, 프랑스 외		매출: 1조 312억 엔 사원: 5,282명 사업: 오피스 서비스, 산업, 상업용 인쇄, 건강관리 산업 등 설립: 1936년 본사: 도쿄 해외 거점: 중국, 미국, 독일 등		매출: 7,129억 엔 사원: 3,937명(연결 3만 6,929명) 사업: 프린터, 복합기, 절단기, 산업용 프린트 장비, 가정용 재봉틀 등 설립: 1934년 본사: 아이치현 해외 거점: 영국, 미국, 중국 등	
평균 연령: 43.8세 평균 연봉: 766만 엔 초봉: 21만 1,500엔	한국인 채용 실적 ☐	평균 연령: 45.1세 평균 연봉: 743만 엔 초봉: 22만 8,550엔	한국인 채용 실적 ☐	평균 연령: 41.8세 평균 연봉: 770만 엔 초봉: 22만 3,000엔	한국인 채용 실적 ☐

2018 정밀기기 업계 기업 매출 랭킹

NIKON		**Olympus**		**TERUMO**	
매출: 7,170억 엔 사원: 4,444명(연결 2만 5,031명) 사업: 디지털카메라, 반도체 노광장치, 현미경, 측정기, 검사 장비 등의 제조 판매 설립: 1917년 본사: 도쿄 해외 거점: 미국, 캐나다, 프랑스 등		매출: 7,864억 엔 사원: 6,926명(연결 3만 4,687명) 사업: 내시경, 현미경, 디지털 카메라 광학 부품 등의 제조 판매 설립: 1919년 본사: 도쿄 해외 거점: 중국, 호주, 미국 등		매출: 5,877억 엔 사원: 4,781명(그룹 2만 2,777명) 사업: 의료기기, 의약품, 인공 심폐 장치, 전자체온계 등 의료기기의 제조 판매 설립: 1921년 본사: 도쿄 해외 거점: 영국, 미국, 중국 등	
평균 연령: 43.6세 평균 연봉: 767만 엔 초봉: 23만 9,000엔	한국인 채용 실적 ☐	평균 연령: 41.8세 평균 연봉: 847만 엔 초봉: 22만 3,000엔	한국인 채용 실적 ☐	평균 연령: 41.7세 평균 연봉: 743만 엔 초봉: 22만 3,000엔	한국인 채용 실적 ☐
HOYA		**Nipro**		**Citizen Watch**	
매출: 5,356억 엔 사원: 2,950명(연결 3만 7,812명) 사업: 헬스케어, 의료, 전자, 영상사업 등 설립: 1944년 본사: 도쿄 해외 거점: 네덜란드, 싱가포르, 미국 등		매출: 3,953억 엔 사원: 3,499명(연결 2만 8,330명) 사업: 의료기기, 의약 사업, 제약 포장 사업 설립: 1954년 본사: 오사카 해외 거점: 미국, 독일, 스페인 등		매출: 3,204억 엔 사원: 894명(연결 2만 882명) 사업: 각종 시계류와 그 부분품 제조 및 판매 설립: 1930년 본사: 도쿄 해외 거점: 독일, 이탈리아, 미국 등	

	한국인 채용 실적		한국인 채용 실적		한국인 채용 실적
평균 연령: 45.9세 평균 연봉: 785만 엔 초봉: 21만 2,000엔	☑	평균 연령: 40.2세 평균 연봉: 600만 엔 초봉: 21만 1,000엔	☐	평균 연령: 42.9세 평균 연봉: 715만 엔 초봉: 21만 4,600엔	☐

- 한국인 채용 사례

예) HOYA

 - 외국어: 일본어(일상 회화 이상), 영어(비즈니스 레벨)

 - 모집 직종: 기술직(광학유리 개발, 광학유리렌즈 개발)

4. 조선·중기: 조선제조, 건설기기, 철도차량, 항공기, 발전설비 등의 대형 기계 제조

 - 업계 규모: 3조 3,996억 엔(종합중기)

 - 평균 연봉: 745만 엔

2018 종합중기 업계의 주요 기업

Mitsubishi Heavy Industries		IHI		Kawasaki Heavy Industries	
매출: 4조 1,108억 엔(연결) 사원: 1만 4,717명(연결 8만 652명) 사업: 항공&우주기기, 선박, 환경장치 발전플랜트, 산업용 기계, 에어컨 등의 제조, 판매, 엔지니어링 설립: 1950년 본사: 도쿄 카나가와 해외 거점: 터키, 두바이, 타이완, 베트남 등		매출: 1조 5,903억 엔(연결) 사원: 8,256명(연결 2만 9,706명) 사업: 에너지 시스템, 산업기계, 저장&화학플랜트, 물류시스템 등 설립: 1889년 본사: 도쿄 해외 거점: 미국, 영국, 베트남 등		매출: 1조 5,742억 원 사원: 1만 6,162명(연결 3만 5,127명) 사업: 선박, 철도차량, 항공기, 엔진, 우주기기, 각종 에너지 설비 등 설립: 1896년 본사: 도쿄, 효고 해외 거점: 미국, 독일, 중국, 타이 등	
평균 연령: 39.5세 평균 연봉: 845만 엔 초봉: 21만 2,500엔	한국인 채용 실적 ☐	평균 연령: 39.7세 평균 연봉: 743만 엔 초봉: 21만 2,500엔	한국인 채용 실적 ☑	평균 연령: 38.4세 평균 연봉: 706만 엔 초봉: 21만 2,000엔	한국인 채용 실적 ☑

Sumitomo Heavy Industries		Mitsui E&S HD		Hitachi Zosen	
매출: 7,910억 엔 **사원:** 2,857명(연결 2만 1,017명) **사업:** 변감속기, 반도체 제조 장치, 가속기, 도로기기, 물류시스템 등 **설립:** 1934년 **본사:** 도쿄 **해외 거점:** 미국, 독일, 브라질, 필리핀 등		**매출:** 7,032억 엔 **사원:** 3,653명(연결 1만 3,171명) **사업:** 사어비 선박, 해양 사업, 기계&시스템 사업, 엔지 니어링 사업 등 **설립:** 1937년 **본사:** 도쿄 **해외 거점:** 영국, 중국, 타이 등		**매출:** 3,764억 엔 **사원:** 4,034명(연결 1만 370명) **사업:** 환경플랜트, 기계, 프로세 스기기, 사회인프라, 방재 등 **설립:** 1934년 **본사:** 오사카, 도쿄 **해외 거점:** 미국, 두바이, 인도, 중국 등	
평균 연령: 42.9세 **평균 연봉:** 780만 엔 **초봉:** 22만 엔	한국인 채용 실적 ☑	**평균 연령:** 37세 **평균 연봉:** 617만 엔 **초봉:** 21만 2,000엔	한국인 채용 실적 ☐	**평균 연령:** 41.8세 **평균 연봉:** 666만 엔 **초봉:** 21만 2,500엔	한국인 채용 실적 ☑

조선 업계는 배를 제조하고 중장비 업계는 트럭 등의 농업기계를 시작으로 건설기기, 철도차량과 항공기, 발전설비까지 다양한 대형 기계를 제조한다.

일본은 1970~1980년대 전 세계 조선업을 이끌었던 조선업 강국이었다. 한때 전 세계 시장점유율 50%, 조선업 근로자만도 16만 명에 이르렀지만 한국에 주도권을 내주면서 두 차례의 대대적인 구조조정이 있었고, 근로자도 5만 명으로 줄어들었다. 최근 다시 회복세를 보이고 있다.

조선, 중장비 업계의 주요 채용 직종은 사무직에서는 영업, 조달, 기술직에서는 설계, 현장감독 등이 있다. 아직까지는 한국 현지 채용을 실시한 적은 없는 걸로 알고 있으나 최근 국내 조선 산업이 구조조정기를 맞으면서 국내 조선소에서 근무하던 숙련 근로자들이 일본으로 건너가 취업하는 경우가 늘고 있다.

한편, 종합중기 업계에서는 2008년부터 인재 확보를 위해 한국 현지 채용을 실시해 현재까지도 매년 기술직, 사무직의 정규직 신입사원 채용이 활발하다.

- 한국인 채용 사례

일본어능력시험JLPT 기준으로 N2 이상의 일본어 능력을 요구한다. 전형 방식은 이력서, SPI, 면접으로 이루어지고 인턴십을 활용한 기술직, 사무직의 정규직 채용이 활발하다.

예) IHI
- 외국어: JLPT N2 또는 그 이상
- 모집 직종: 종합직 일괄 채용
☞ 기술계열(연구개발, 개발/설계, 품질관리, 품질보증, 생산기술 등): 기계, 항공, 전기 등 전공자
☞ 사무계열(영업, 재무, 법무, 총무, 인사 등): 전공 무관

예) Kawasaki Heavy Industries
- 외국어: JLPT N2 또는 그 이상
- 모집 직종:
☞ 기술계열(연구, 개발, 설계 등): 기계, 전기/전자 계열 등
☞ 사무계열(영업, 구매, 인사, 재무 등): 전공 무관

5. 자동차

- 업계 규모(판매 대수): 일본 내수 519만 대, 세계 9,680만 대
- 평균 연봉: 723만 엔

2018 자동차 업계 기업 매출(연결) 랭킹

TOYOTA		HONDA		NISSAN	
매출: 29조 3,795억 엔 사원: 7만 4,890명(연결 36만 4,445명) 사업: 자동차 및 관련 부품의 개발, 제조, 판매 및 기타 설립: 1937년 본사: 아이치 해외 거점: 미국, 유럽권 등		매출: 15조 3,611억 엔 사원: 2만 1,543명(연결 21만 1,915명) 사업: 운송 장비의 연구, 개발, 제조, 판매 등 설립: 1948년 본사: 도쿄 해외 거점: 미국, 브라질, 영국 등		매출: 11조 9,511억 엔 사원: 2만 2,272명(연결 13만 7,250명) 사업: 자동차, 선박 제조 판매 및 관련 사업 설립: 1933년 본사: 카나가와 해외 거점: 미국, 스위스, 멕시코, 홍콩 등	
평균 연령: 39.2세 평균 연봉: 831만 엔 초봉: 20만 엔	한국인 채용 실적 □	평균 연령: 44.9세 평균 연봉: 808만 엔 초봉: 21만 5,900엔	한국인 채용 실적 ☑	평균 연령: 42.5세 평균 연봉: 818만 엔 초봉: 22만 엔	한국인 채용 실적 ☑
SUZUKI		MAZDA		SUBARU	
매출: 3조 7,572억 엔 사원: 1만 5,269명 사업: 이륜차, 사륜차, 선외기, 전동휠체어, 산업기기의 개발 제조 판매 설립: 1920년 본사: 시즈오카 해외 거점: 미국, 헝가리, 중국 등		매출: 3조 4,740억 엔 사원: 2만 2,121명(연결 4만 8,849명) 사업: 승용차&트럭 제조, 판매 설립: 1920년 본사: 히로시마 해외 거점: 미국, 독일, 중국, 멕시코 등		매출: 3조 4,052억 엔 사원: 1만 4,879명 사업: 자동차 개발, 제조, 수리 및 판매 설립: 1953년 본사: 도쿄 해외 거점: 미국, 캐나다, 이탈리아 등	
평균 연령: 39.7세 평균 연봉: 657만 엔 초봉: 20만 7,000엔	한국인 채용 실적 □	평균 연령: 41세 평균 연봉: 680만 엔 초봉: 20만 7,000엔	한국인 채용 실적 □	평균 연령: 38.4세 평균 연봉: 669만 엔 초봉: 20만 7,000엔	한국인 채용 실적 □

일본의 자동차 업계는 한국뿐만 아니라 세계적으로도 널리 알려져 있다. 경차 제조를 중심으로 하는 기업과 덤프트럭까지 폭넓게 제조하는 기업으로 크게 나눌 수 있다.

일본 자동차 업계의 2017년 생산량은 해외 1,970만 대, 국내 969만 대였다. 일본 제국데이터뱅크TDB에 의하면 2018년 일본의 국내 자동차 생산 및 판매는 저출산, 고령화, 젊은 층의 자동차 이용률 저하, 카셰어링 서비스의 보급, 자동차 교체기 장기화 등의 요인으로 제자리걸

음이었다. 해외 생산은 계속해서 증가할 것으로 보이나, 증가율은 감소할 가능성이 있다. 유럽, 북미 경제가 회복할 것으로 예상된다 해도 미국에서 자동차 판매가 감소할 가능성이 있고, 중국의 경제성장도 다소 정체될 가능성이 있어 이 같은 요인이 해외 생산 증가율의 감소로 이어질 것으로 보인다. 일본 자동차 업계는 수출 비중이 증가하면서 생산 및 판매의 글로벌화가 가속화되는 추세다.

모집 직종은 사무직에 상품기획, 영업기획, AS기획 등이 있고 기술직에는 첨단기술, 양산개발, 생산관리 등이 있다. 일본의 자동차 기업은 글로벌 기업이 많아 남미 또는 아프리카 등 세계에서 활약할 수 있는 기회가 있다.

세계 자동차 연간 판매 순위

1	폭스바겐	1,074만 대
2	르노-닛산 얼라이언스	1,060만 대
3	도요타 자동차	1,038만 대
4	GM	960만 대
5	현대자동차	726만 대

출처: 세계자동차공업연합회, 2017년

● 한국인 채용 사례

예) NISSAN

- 외국어: 일본어(JLPT N2 이상, 상당 레벨), 영어(TOEIC 600 이상, 상당 레벨)
- 모집 직종: 기술계열
  ☞ 생산 부문: 차량 생산 기술, 파워 트레인 생산 기술, SCM 등
  ☞ 연구개발 부문: 차체/부품 설계, 파워트레인, 실험, 시스템 설계, 전자 전장, 재료 기술 개발

6. 철강: 철광석, 석탄 등의 원료로 철제 제조하여 자동차, 산업기계 빌딩 등의 건설 자재로 사용

- 업계 규모: 1.04억 톤
- 평균 연봉: 745만 엔

2018 철강 업계 기업 매출 랭킹

NSSMC		JFE HD		KOBELCO	
매출: 5조 6,686억 엔 사원: 2만 5,101명(연결 9만 3,557명) 사업: 철강 제품의 제조, 판매 설립: 1950년 본사: 도쿄 해외 거점: 미국, 중국, 스웨덴 등		매출: 3조 6,786억 엔 사원: 6만 1,234명(연결) 사업: 철강 제품의 생산, 판매 설립: 2002년 본사: 도쿄 해외 거점: 미국, 중국 등		매출: 1조 8,811억 엔(철광: 7,155억 엔) 사원: 1만 1,191명(연결 3만 7,436명) 사업: 철강, 알루미늄, 각종 엔지니어링 사업 등 설립: 1911년 본사: 효고 해외 거점: 미국, 중국, 타이 등	
평균 연령: 37.4세 평균 연봉: 597만 엔 초봉: 21만 1,500엔	한국인 채용 실적 □	평균 연령: 44.5세 평균 연봉: 942만 엔 초봉: 21만 4,000엔	한국인 채용 실적 □	평균 연령: 39.2세 평균 연봉: 540만 엔 초봉: 21만 엔	한국인 채용 실적 ☑
Hitachi Metals		NISSHIN STEEL		DAIDO STELL	
매출: 9,883억 엔 사원: 6,315명 사업: 특수 철강 제품, 자성 재료, 전선 재료 등 제조, 판매 설립: 1956년 본사: 도쿄 해외 거점: 미국, 중국, 유럽 등		매출: 6,141억 엔 사원: 3,867명(연결 7,859명) 사업: 철강 및 비철금속의 제조, 가공 및 판매 설립: 1928년 본사: 도쿄 해외 거점: 미국, 중국 등		매출: 5,052억 엔 사원: 3,340명(연결 1만 1,873명) 사업: 특수강재, 자성재료 등 제조, 가공, 판매 설립: 1950년 본사: 아이치 해외 거점: 미국, 독일, 타이 등	
평균 연령: 44.1세 평균 연봉: 754만 엔 초봉: 21만 8,100엔	한국인 채용 실적 ☑	평균 연령: 38.8세 평균 연봉: 582만 엔 초봉: 21만 엔	한국인 채용 실적 □	평균 연령: 39.1세 평균 연봉: 737만 엔 초봉: 20만 5,000엔	한국인 채용 실적 □

철강 업계는 자동차, 가전 등의 생활용품에서 건조물 등의 사회기반 시설, 자원과 에너지를 채굴하는 파이프라인까지 온갖 제품의 소재로 산업 발전을 지지하고 있다.

일본은 한때 세계 1위의 철강 생산국으로, 철강 업계는 일본 경제를 이끌었던 기간산업 중 하나였다. 그러나 방대한 생산량을 가진 중국과 높은 기술력을 가진 한국의 철강 기업이 급성장하면서 가격경쟁이 심화되고 있다. 일본 기업의 조강 생산량은 약 4,736만 톤으로 룩셈부르크, 중국에 이어 세계 3위다.

순위	기업	국가	단위(만 톤)
1	ArcelorMittal	룩셈부르크	9,703
2	China Baowu Group	중국	6,539
3	NSSMC Group	일본	4,736
4	HBIS Group	중국	4,556
5	POSCO	한국	4,219
6	Shagang Group	중국	3,835
7	Ansteel Group	중국	3,576
8	JFE Steel	일본	3,015
9	Shougang Group	중국	2,763
10	Tata Steel Group	인도	2,511

출처: 세계철강협회, 2018년

일본 철강 업계의 생산량 점유율은 고로메이커 76%, 전로메이커 24%이며 일본 국내 수요가 65%, 수출이 35%다. 수출국으로는 한국(15%), 중국(14%), ASEAN(33%)이 있다.

미쓰비시도쿄UFJ은행에서 발표한 자료에 의하면, 일본 철강 기업의 2017년 실적은 도쿄올림픽과 도시 재개발 등으로 2016년 대비 0.4% 증가했다.

● 한국인 채용 사례

예) Hitachi Metals

　- 외국어: 일본어(비즈니스 레벨), 영어(TOEIC 600점 이상)

- 모집 직종

☞ 연구직: 금속공학 기술자 및 연구원

☞ 사무직: 생산관리, 자재조달, 인사/총무, 경리, 영업 등

7. 화학: 플라스틱, 세제, 의료 등의 일상품 / 자동차 부품, 전자재료 등의 공업용 제품 제조

- 업계 규모: 28조 6,220억 엔

- 평균 연봉: 633만 엔

2018 종합화학 업계 기업 매출 랭킹

Mitsubishi Chemical		Sumitomo Chemical		Mitsui Chemicals	
매출: 3조 7,244억 엔 (일본 58.4% 해외 41.6%) 사원: 연결 6만 9,230명 사업: 기능상품, 소재, 헬스케어 등 설립: 2005년 본사: 도쿄 해외 거점: 중국, 독일, 미국		매출: 2조 1,905억 엔 사원: 6,005명(연결 3만 1,837명) 사업: 석유화학, 에너지, 기능재료 등 설립: 1925년 본사: 도쿄 해외 거점: 중국, 미국, 영국 등		매출: 1조 3,285억 엔 사원: 4,275명(연결 1만 7,277명) 사업: 석유화학, 고기능 플라스틱 등 설립: 1955년 본사: 도쿄 해외 거점: 독일, 이탈리아, 미국 등	
평균 연령: 46.1세 평균 연봉: 1,440만 엔 초봉: 22만 9,400엔	한국인 채용 실적 ☐	평균 연령: 40.3세 평균 연봉: 871만 엔 초봉: 23만 3,300엔	한국인 채용 실적 ☐	평균 연령: 41.5세 평균 연봉: 866만 엔 초봉: 23만 엔	한국인 채용 실적 ☑
Asahi Kasei		Tosoh		Showa Denko K.K.	
매출: 2조 422억 엔(부문 9,350억 엔) 사원: 7,520명(연결 3만 4,670명) 사업: 석유화학, 기능성수지, 생활제품, 의약품 등의 연구개발, 제조 판매 설립: 1931년 본사: 도쿄 해외 거점: 미국, 독일, 벨기에 등		매출: 8,228억 엔 사원: 3,404명(연결 1만 2,595명) 사업: 무기화학품, 유기화학품, 각종 공업약품, 석유화학품 등 제조 판매 설립: 1935년 본사: 도쿄 해외 거점: 미국, 영국, 중국 등		매출: 7,803억 엔(부문 3,998억 엔) 사원: 3,338명(연결 1만 589명) 사업: 석유화학, 유기, 무기화학품, 가스 등 연구, 개발, 제조 판매 설립: 1939년 본사: 도쿄 해외 거점: 미국, 영국, 중국 등	
평균 연령: 42.7세 평균 연봉: 764만 엔 초봉: 22만 7,160엔	한국인 채용 실적 ☑	평균 연령: 39.9세 평균 연봉: 772만 엔 초봉: 22만 5,399엔	한국인 채용 실적 ☑	평균 연령: 40세 평균 연봉: 718만 엔 초봉: 23만 엔	한국인 채용 실적 ☐

일본의 화학 업계는 석유화학, 무기화학, 유지, 전자재료, 도료, 비료, 농약 등 폭넓은 소재를 다룬다. 석유, 천연가스 등의 원료에 합성과 분해 등의 다양한 화학반응을 일으켜 플라스틱과 합성고무의 중간 재료 등을 제조한다.

특히 종합화학 기업은 원유를 정제하는 과정에서 생기는 액체인 나프타를 분해해 가장 먼저 얻어지는 기초 유분인 에틸렌을 이용해 플라스틱과 비닐 같은 석유화학 제품의 원료로 쓰며, 유도품(석유화학 제품의 중간 원료)까지 제조하여 섬유 기업, 플라스틱 가공 기업에 판매한다.

2018년도 이후의 세계 에틸렌 수요는 아시아 등 신흥국의 소득수준 향상에 따라 플라스틱 제품의 보급이 확대되면서 전체적으로 3% 증가할 전망이다. 그러나 건축용 에틸렌의 수요는 일본 내수 시장에서는 안정적이라 하더라도 자동차 업계의 수요가 감소하고 있다. 수출 시장은 미국의 셰일가스를 원료로 한 값싼 유도품이 아시아로 유입되는 것과 중국의 많은 유도품 플랜트 설립으로 위축될 전망이다.

일본 화학 기업은 자동차, 주택, 의료, 전기기기, 반도체 등 다양한 업계와 거래하며 취급 제품에 따라 전자재료, 유도품, 카본제품, 종합화학 기업으로 나뉜다. 일본 종합화학 기업은 에틸렌과 유도품의 이윤이 줄어들면서 이익이 줄어들 전망이나 비석화 부문(전지, 정보소재, 생명과학 등)의 기술력을 살려 고부가가치의 고기능소재와 재료 분야를 강화하면서 수익성을 유지할 전망이다.

● 한국인 채용 사례

예) Mitsui Chemicals

    - 외국어: 일본어(중급 이상) 혹은 일본어(초급) + 영어(상급)

    - 모집 직종: 산업기계공학 기술자 및 연구원

예) Asahi Kasei

    - 외국어: 일본어(일상 회화 이상)

    - 모집 직종: 연구개발, 회로 설계 개발, 반도체 디바이스 개발, 기술영업, 제조프로세스 개발, 정보시스템 개발 등

8. 유리: 광학유리 및 렌즈, 전자재료, 종합으로 분류되어 판유리, 전기용 유리, 광학유리 등이 있으며 자동차와 주택에 사용되는 판유리, 액정디스플레이용 슬림형 유리 등을 제조

- 업계 규모: 3조 1,435억 엔

- 평균 연봉: 572만 엔

2018 유리 업계 기업 매출 랭킹

AGC		Nippon Sheet Glass		Nippon Electric Glass	
매출: 1조 4,635억 엔 사원: 6,401명(연결 5만 3,200명) 사업: 판유리, 자동차유리, 디스플레이 유리 등의 제조, 판매 설립: 1950년 본사: 도쿄 해외 거점: 미국, 프랑스, 체코 등		매출: 6,038억 엔 사원: 1,961명(연결 2만 6,957명) 사업: 주택 · 건물용 유리, 유리 섬유 등의 제조 판매 설립: 1919년 본사: 도쿄 해외 거점: 유럽, 북미, 아시아 등		매출: 2,824억 엔 사원: 1,644명 사업: 특수유리, 유리 제조 기계 등의 제조 및 판매 설립: 1949년 본사: 시가 해외 거점: 미국, 중국 등	
평균 연령: 42.5세 평균 연봉: 850만 엔 초봉: 21만 672엔	한국인 채용 실적 ☑	평균 연령: 45세 평균 연봉: 781만 엔 초봉: 22만 400엔	한국인 채용 실적 ☐	평균 연령: 44.7세 평균 연봉: 743만 엔 초봉: 21만 9,500엔	한국인 채용 실적 ☑

CENTRAL GLASS		Ishizuka Glass		Nihon Yamamura Glass	
매출: 2,278억 엔(부문 1,466억 엔) 사원: 1,666명(연결 7,236명) 사업: 건축용 유리, 자동차유리, 정보·전자 산업용 유리, 기초화학품 등 설립: 1936년 본사: 도쿄 해외 거점: 미국, 영국, 중국 등		매출: 709억 엔 사원: 777명(연결 2,137명) 사업: 유리병, 유리 식기, 종이 용기, 플라스틱 용기 등의 제조 및 판매 설립: 1941년 본사: 아이치 해외 거점: 싱가포르, 중국, 미국 등		매출: 701억 엔 사원: 832명(연결 2,589명) 사업: 유리병, 분말유리 등 제조 및 판매 설립: 1955년 본사: 효고 해외 거점: 중국, 인도네시아, 타이 등	
평균 연령: 36.6세 평균 연봉: 634만 엔 초봉: 21만 6,000엔	한국인 채용 실적 ☐	평균 연령: 41.1세 평균 연봉: 552만 엔 초봉: 20만 3,000엔	한국인 채용 실적 ☐	평균 연령: 42.3세 평균 연봉: 635만 엔 초봉: 20만 3,200엔	한국인 채용 실적 ☐

● 한국인 채용 사례

예) AGC

- 외국어: 일본어(N1 또는 그와 동등한 수준)

- 모집 직종: 종합직 일괄 채용

☞ 기술계열: 연구개발, 상품개발, 생산과정개발, 설비설계, 플랜트엔지니어, 생산기술개발 등

☞ 사무계열: 영업, 총무인사, 법무, 경리, 자재, 물류 등

9. 시멘트: 석회석, 점토를 주원료로 하는 토목건축용 시멘트를 제조 및 판매

- 업계 규모: 생산량 4,170만 톤 / 수출 1,180만 톤

- 평균 연봉: 599만 엔

2018 시멘트 업계 기업 매출 랭킹

Taiheiyo Cement		Ube Industries		Sumitomo Osaka Cement	
매출: 8,711억 엔(부문: 6,015억 엔) 사원: 1,746명 사업: 시멘트, 자원, 건축 토목 사업 등 설립: 1881년 본사: 도쿄 해외 거점: 미국, 중국, 베트남 등		매출: 6,956억 엔(부문: 2,388억 엔) 사원: 3,555명(연결 1만 799명) 사업: 화학, 의약, 건설자재, 기계, 에너지 등 설립: 1942년 본사: 도쿄, 야마구치 해외 거점: 미국, 싱가포르, 중국 등		매출: 2,448억 엔 사원: 1,182명(연결 2,987명) 사업: 시멘트, 건축재료, 광산품 사업 등 설립: 1907년 본사: 도쿄 해외 거점: 미국, 중국, 베트남	
평균 연령: 41.7세 평균 연봉: 753만 엔 초봉: 21만 4,540엔	한국인 채용 실적 □	평균 연령: 41.4세 평균 연봉: 685만 엔 초봉: 22만 1,500엔	한국인 채용 실적 □	평균 연령: 45세 평균 연봉: 781만 엔 초봉: 22만 400엔	한국인 채용 실적 □
Mitsubishi Materials		Tokuyama		Denka	
매출: 1조 5,595억 엔(부문: 1,923억 엔) 사원: 4,664명(연결 2만 6,969명) 사업: 시멘트, 금속, 가공 사업 등 설립: 1950년 본사: 도쿄 해외 거점: 미국, 스페인, 타이 등		매출: 3,080억 엔(부문 873억 엔) 사원: 1,920명(연결 4,889명) 사업: 유기, 무기화학품, 시멘트, 전자재료 등 설립: 1918년 본사: 도쿄 해외 거점: 미국, 독일, 중국 등		매출: 3,956억 엔(부문 531억 엔) 사원: 3,011명(연결 5,944명) 사업: 탄성 중합체, 시멘트, 전자 제품 등 설립: 1915년 본사: 도쿄 해외 거점: 미국, 두바이, 싱가폴 등	
평균 연령: 41.7세 평균 연봉: 699만 엔 초봉: 22만 2,500엔	한국인 채용 실적 □	평균 연령: 42.8세 평균 연봉: 651만 엔 초봉: 22만 6,800엔	한국인 채용 실적 □	평균 연령: 40.5세 평균 연봉: 667만 엔 초봉: 22만 2,770엔	한국인 채용 실적 □

일본의 시멘트 업계는 1991년 부동산 버블이 붕괴되면서 건설 경기와 함께 장기 침체화되었다. 수요 급감에 따른 공급과잉으로 시멘트 가격은 지속적으로 하락했고, 위기에 직면한 일본 시멘트 기업들은 M&A를 통해 공급자 우위의 시장을 만들었다.

그 당시 탄생한 기업이 Taiheiyo Cement, UBE-MITSUBISHI CEMENT, Sumitomo Osaka Cement다. 일본의 시멘트 기업은 총 17개로, 30개의 공장이 일본 전역에 분포되어 있는데 앞서 언급된 3대 기업이 75% 이상의 시장점유율로 업계를 이끌고 있다.

일본시멘트협회에 의하면 2017년 시멘트 출하 비중은 국내 78%, 해외 22%다. 일본 국내 시장은 도쿄올림픽 및 수도권 재개발, 물류시설 등의 민간 설비투자가 본격화되면서 댐 등의 인프라 건설에 사용되는 시멘트 사용이 증가세를 보이고 있다. 2017년 일본 국내 판매량은 4년 만에 전년 대비 1.6% 증가한 4,198만 톤이며 2018년에는 시멘트 가격이 9% 상승할 전망이다. 수출은 아시아 및 호주를 중심으로 2017년 대비 102.4%였다. 내수 시장이 회복되고는 있으나 시장 성장에는 한계를 보이고 있어 기업들이 해외 판로 개척과 수출을 확대할 것으로 전망된다.

● 한국인 채용 사례

정규직 채용은 확인이 안 되나, 1개월간의 인턴을 진행한 기업은 있었다. 줄곧 수요가 감소했던 시멘트 업계이지만, 동일본 대지진과 도시부의 민간개발 공사 증가 등으로 경영 환경은 호전되고 있다. 각종 시설물 건축으로 수요 증가가 예상되는 도쿄올림픽을 앞두고 있어, 현재의 호조 기세로 신규 사업 육성이나 글로벌화를 실현하고자 하는 기업들이 많다. 변혁이 필요해진 시기인 만큼 기업이 원하는 인재의 조건도 변화할 것이다. 지금까지는 국내 수요에 의존하는 경향이 높았지만, 향후에는 해외 진출이 불가피하다. 이에 따라 외국인 및 유학생 채용도 증가할 것으로 보인다.

예) ASO CEMENT
　　- 외국어: 일본어 또는 영어 중상급 이상
　　- 모집 직종: 생산/제조/기술, 영업/판매, 인사/총무

10. 종이·펄프

- 업계 규모: 2,627만 톤 / 세계 4억 1,088만 톤
- 평균 연봉: 643만 엔

2018 종이·펄프 업계 기업 매출 랭킹

王子HD		Nippon Paper Industries		Rengo	
매출: 1조 4,858억 엔 사원: 356명(연결 3만 6,144명) 사업: 골판지, 편지, 포장용지 등 제조 설립: 1949년(창업 1873년) 본사: 도쿄 해외 거점: 미국, 독일, 중국 등		매출: 1조 464억 엔 사원: 4,934명(연결 1만 2,881명) 사업: 편지, 신문용지, 종이팩 등 제조 설립: 1949년 본사: 도쿄 해외 거점: 미국, 독일, 칠레 등		매출: 6,057억 엔 사원: 3,730명(연결 1만 6,532명) 사업: 골판지, 판지, 셀로판 등 제조 설립: 1920년 본사: 도쿄 해외 거점: 미국, 중국, 타이 등	
평균 연령: 43.6세 평균 연봉: 875만 엔 초봉: 22만 2,800엔	한국인 채용 실적 ☐	평균 연령: 42.4세 평균 연봉: 668만 엔 초봉: 22만 엔	한국인 채용 실적 ☐	평균 연령: 40세 평균 연봉: 709만 엔 초봉: 22만 6,500엔	한국인 채용 실적 ☐
Daio Paper		Hokuetsu		Mitsubishi Paper Mills	
매출: 5,313억 엔 사원: 2,512명(연결 2만 6,959명) 사업: 종이, 판종이, 일용품잡화 등의 제조 설립: 1943년 본사: 도쿄 해외 거점: 미국, 칠레, 타이 등		매출: 2,690억 엔 사원: 1,581명(연결 4,779명) 사업: 종이, 펄프 제품, 용기 등의 제조 설립: 1907년 본사: 도쿄 해외 거점: 캐나다, 프랑스, 중국 등		매출: 2,014억 엔 사원: 654명(연결 3,723명) 사업: 종이, 펄프, 사진 감광 재료 제조 등 설립: 1917년 본사: 도쿄 해외 거점: 독일, 멕시코, 중국	
평균 연령: 40.7세 평균 연봉: 615만 엔 초봉: 21만 6,700엔	한국인 채용 실적 ☐	평균 연령: 42.6세 평균 연봉: 558만 엔 초봉: 22만 6,000엔	한국인 채용 실적 ☐	평균 연령: 46세 평균 연봉: 650만 엔 초봉: 21만 300엔	한국인 채용 실적 ☐

● 한국인 채용 사례

2018년까지의 한국인 채용은 확인이 불가하나, 일본에서 개최되는 외국인 유학생, 일본인 유학생을 대상으로 하는 글로벌 채용박람회, 마

이나비 국제파 취직 엑스포, 마이나비 외국인 유학생 세미나에 참가한 실적이 있다. 이 업계의 지원을 희망한다면 일본 현지에서 열리는 채용 박람회를 참고하자.

11. 화장품·일용품: 스킨케어, 메이크업용 화장품과 샴푸, 입욕제 등의 일용품을 제조

- 업계 규모: 화장품 1조 6,370억 엔, 일용품 817~1,934억 엔
- 평균 연봉: 화장품 585만 엔, 일용품 690만 엔

2018 화장품 업계 주요 기업 매출 랭킹

Shiseido		Kao		Kose	
매출: 1조 50억 엔 사원: 2,937명(연결 3만 7,438명) 사업: 화장품, 샴푸, 의약품 등 제조 설립: 1927년(창업 1872년) 본사: 도쿄 해외 거점: 미국, 프랑스, 싱가포르 등		매출: 1조 4,894억 엔 (부문 5,860억 엔) 사원: 7,332명(연결 3만 3,560명) 사업: 화장품, 음료, 의류용 세제 등 제조 설립: 1940년(창업 1887년) 본사: 도쿄 해외 거점: 미국, 영국, 싱가포르 등		매출: 3,033억 엔 사원: 806명(연결 7,758명) 사업: 화장품의 기획, 연구개발, 제조 등 설립: 1948년 본사: 도쿄 해외 거점: 미국, 타이완 등	
평균 연령: 40.8세 평균 연봉: 723만 엔 초봉: 21만 5,000엔	한국인 채용 실적 ☐	평균 연령: 41.4세 평균 연봉: 780만 엔 초봉: 22만 엔	한국인 채용 실적 ☐	평균 연령: 42.8세 평균 연봉: 835만 엔 초봉: 20만 7,050엔	한국인 채용 실적 ☐
Pola Orbis HD		Fancl		Mandom	
매출: 2,443억 엔 사원: 132명(연결 4,139명) 사업: 화장품, 부동산, 의약품 제조 등 설립: 2006년(창업 1929년) 본사: 도쿄 해외 거점: 미국, 중국 등		매출: 1,099억 엔 사원: 973명 사업: 화장품, 건강식품 연구개발, 제조 설립: 1981년 본사: 요코하마 해외 거점: 미국, 중국, 싱가포르 등		매출: 813억 엔 사원: 574명(연결 2,662명) 사업: 화장품, 의약품 등 제조 설립: 1927년 본사: 오사카 해외 거점: 중국, 싱가포르, 인도 등	

평균 연령: 41.8세 평균 연봉: 754만 엔 초봉: 24만 7,000엔	한국인 채용 실적 ☐	평균 연령: 38.6세 평균 연봉: 565만 엔 초봉: 20만 6,000엔	한국인 채용 실적 ☐	평균 연령: 41세 평균 연봉: 838만 엔 초봉: 21만 5,450엔	한국인 채용 실적 ☐

※ 세계 1위 L'Oreal은 L'Oreal Japan 매출액 비공개로 미포함

● 화장품

주름 개선 화장품 등 고가격대 화장품이 히트를 쳤고, 관광객들의 수요 증가에 따라 공장을 신설할 정도로 호황이다. 일본 화장품공업연합회의 통계에 의하면 화장품 수출입 금액은 장기적으로 증가하는 추세이고, 2015년부터는 수출이 급증하면서 2016년에 수출이 수입을 넘어섰다. 최근 홍콩, 중국, 한국, 싱가포르로의 수출이 눈에 띄게 증가하고 있으며, 특히 2016년에 홍콩과 중국 수출이 급상승했다. 각 기업은 매출 확대를 위해 국내뿐만 아니라 해외에도 면세점을 확대하는 등 해외 시장 진출에 적극적으로 나서고 있다.

● 일용품

일본 동양경제온라인에 의하면, 2011년 동일본 대지진으로 사무실 내 절전을 추진하기 시작하면서 사람들이 사무실에서 땀을 흘리는 경우가 많아졌다. 이에 따라 남성용 화장품에서는 땀을 억제하는 제품의 시장이 2012년부터 2016년까지 5년간 약 1.3배 성장했다. 또한 옷 냄새를 제거하는 소취제의 수요가 증가하고, 남성들의 미용 의식이 높아지는 사회 변화와 함께 용도와 기호에 따른 다양한 제품이 판매되고 있다.

- 한국인 채용 사례

2018년까지 한국인 채용 확인이 불가하나, 일본 현지에서 개최되는 외국인 유학생, 일본인 유학생을 대상으로 하는 글로벌 채용박람회, 마이나비 국제파 취직 엑스포, 마이나비 외국인 유학생 세미나에 참가한 실적이 있다. 이 업계에 지원을 희망한다면 일본 현지의 채용박람회를 살펴보자.

13. 제약

- 업계 규모: 10조 5,141억 엔
- 평균 연봉: 731만 엔

2018 제약 업계 주요 기업 매출 랭킹

Takeda Pharmaceutical		Astellas Pharma		Daiichi Sankyo	
매출: 1조 7,705억 엔 사원: 5,461명(연결 2만 7,230명) 사업: 의약품 연구, 제조, 판매, 수출입 설립: 1925년(창업 1781년) 본사: 도쿄, 오사카 해외 거점: 미국, 오스트리아, 중국 등		매출: 1조 3,003억 엔 사원: 5,123명(연결 1만 6,617명) 사업: 의약품 연구, 제조, 판매, 수출입 설립: 1939년(창업 1923년) 본사: 도쿄 해외 거점: 미국, 독일, 중국 등		매출: 9,601억 엔 사원: 5,357명(연결 약 1만 5,000명) 사업: 의약품 연구, 제조, 판매 등 설립: 2005년 본사: 도쿄 해외 거점: 미국, 독일, 브라질 등	
평균 연령: 40.8세 평균 연봉: 1,038만 엔 초봉: 24만 엔	한국인 채용 실적 ☐	평균 연령: 43.2세 평균 연봉: 1,079만 엔 초봉: 23만 엔	한국인 채용 실적 ☑	평균 연령: 42.5세 평균 연봉: 1,103만 엔 초봉: 22만 엔	한국인 채용 실적 ☐
Otsuka HD		Eisai		Chugai Pharmaceutical	
매출: 1조 2,399억 엔(부분 7,748억 엔) 사원: 86명(연결 3만 2,817명) 사업: 의약품 연구, 제조, 판매 등 설립: 2008년 본사: 도쿄 해외 거점: 미국, 영국, 프랑스 등		매출: 6,000억 엔 사원: 3,172명(연결 1만 456명) 사업: 의약품 연구, 제조, 판매 등 설립: 1941년 본사: 도쿄 해외 거점: 미국, 영국, 프랑스 등		매출: 5,341억 엔 사원: 4,979명(연결 7,372명) 사업: 의약품 연구, 제조, 판매 등 설립: 1943년(창업 1925년) 본사: 도쿄 해외 거점: 미국, 영국, 독일 등	

평균 연령: 44.3세 평균 연봉: 1,076만 엔 초봉: 22만 엔	한국인 채용 실적 ☑	평균 연령: 44.7세 평균 연봉: 1,044만 엔 초봉: 25만 엔	한국인 채용 실적 ☐	평균 연령: 42.5세 평균 연봉: 953만 엔 초봉: 23만 엔	한국인 채용 실적 ☑

일본은 저출산 고령화 사회로 사회보장 의료비가 매년 증가하면서 제약 업계의 판매량도 증가할 것으로 전망된다. 그러나 후생노동성에 의해 원칙적으로 2년에 1회 실시되는 약가 개정과 제네릭 의약품의 보급 확대 등으로 가격이 하락하면서 매출은 전년도와 비슷하거나 약간 감소할 전망이다.

● 한국인 채용 사례

예) Astellas Pharma

　- 외국어: 일본어(무관), 영어(TOEIC 800 이상)

　※ 내정 후 일본어 연수 프로그램을 수강하여 N2 레벨 목표

　※ 영업 직무는 JLPT N1 수준 요구

　- 모집 직종: 종합직(사업개발, 조달, 영업, 인사)

예) Chugai Pharmaceutical

　- 외국어: 일본어(비즈니스 레벨), 영어(비즈니스 레벨)

　- 모집 직종: 연구, 재무회계, 인사, 사내 SE

3부

일본 취업,
철저한 준비만이
살길이다

잠깐! 일본 기업이 선호하는 인재상부터 알고 가자

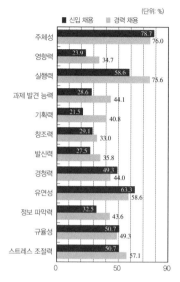

인재 채용 시 중요하게 보는 기초 능력
(복수 선택)

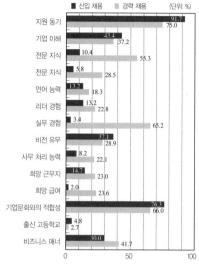

인재 채용 시 중요하게 보는 기초 능력 이외
항목(복수 선택)

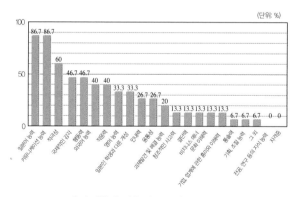

해외 대학생 채용 시 중요하게 보는 자질

출처: 마이나비, 2017년도 외국인 유학생 채용 현황 조사

1

한국과 다른 일본의 채용 방식

전공 때문에 발이 묶여 있던 구직자들에게 일본의 종합직 일괄 채용 시스템은 좋은 기회가 될 수 있다. 그러나 8년간 일본 취업을 상담하면서 겪은 바로는 일단 걱정부터 앞서는 경우가 많다.

구직자 나이가 많은데 어떻게 하죠?

나 누구와 비교해 나이가 많다고 하시는 건가요? 가고 싶은 회사에서 나이에 제한을 두나요? 아직 가고 싶은 기업도 정해지지 않은 상황에서 먼저 걱정할 필요 없습니다!

한국은 구직난, 일본은 구인난을 겪는 상황에서 취업 과정과 방법을 정확히 파악하고 준비한다면 한국보다 더 나은 일자리를 잡을 수 있는 기회는 열려 있다. 걱정을 앞세우느라 이 기회를 놓치지 않길 바란다.

일본 취업 한눈에 보기

일본 기업의 채용 절차

1. 채용 계획 수립	2. 채용 공고/모집	3. 서류전형
– 채용 시장 경쟁사 등 정보 수집 – 전사 전략, 목표 기준 채용 전략 수립 – 채용 수요의 정량적/정성적 정보 파악 – 과거 채용 실적과 결과 되돌아보기 – 채용 계획 확정	– 채널별 채용 홍보물 작성 – 홍보채널 선택, 홍보 진행 – 채용박람회, 설명회, 상담회 등 진행 – 채용 인원 대비 지원자수 목표 수치 관리 – 모집 관련 추가 시책 대응 등	– 채용 계획과 인재상 등 채용 기준 공유 – 채용 기준에 따른 서류전형 진행 – 서류전형 결과 안내
4. 면접전형	**5. 내내정/내정**	**6. 입사**
– 면접관 교육 계획 운영 – 전형 단계별 면접 진행 – 단계별 결과 통보	– 전형 합격자 내내정(내정) 통보 – 내내정자(내정자) 면담 진행 – 내정 통지 관련 서류 전달 및 회수 – 내정식 진행 및 운영 – 내정자 연수 기획 및 운영 – 채용 결과 보고서 등 작성	– 건강검진 안내 및 결과 회수 – 입사 관련 서류 안내 및 회수 – 입사

일본 취업은 대개 채용설명회 참가 ⇒ 이력서 제출 ⇒ 적성검사 ⇒ 면접(2~5차)의 순서로 진행되며 적성검사는 이력서 제출 전이나 면접 이후로 진행되는 경우도 적지 않다. 한국에서 진행되는 일본 기업들의 채용 절차는 기본적으로 비슷하나, 기간이 짧아 면접 횟수가 적은 경우도 많이 볼 수 있다.

한국 VS. 일본 신입사원 채용 방식

일본 취업에 성공하기 위해서는 한국과 일본의 채용 방식 차이를 명확히 파악해야 한다. 아무래도 한국 기업들의 채용 방식을 기준으로 일본의 채용 방식을 생각하기 쉽기 때문이다. 대표적으로 구직 시기가 있다. 한국은 3~4월, 9~10월로 연 2회 기업들의 공채가 이뤄지는 편이지만 일본은 일본경제단체연합회의 신입 채용 지침서에 의거하여 연 1회로, 3월에 대부분의 공채가 이뤄진다는 큰 차이가 있다. 한국 기업들의 채용 시기를 기준으로 생각하다가는 일본의 취업 시즌을 놓쳐 다음 기회까지 1년 이상을 기다리는 경우가 발생할 수 있으니 주의하자.

한국과 일본의 신입사원 채용 비교

한국	항목	일본
현업에 즉시 투입 가능한 인재, 스페셜리스트	선호 인재	중장기적 인재, 제너럴리스트
직무 역량과 스펙	평가 기준	인성, 성장성 중시(일본어, 협동성, 소통 능력, 타문화 이해력)
4학년 2학기 원서 접수	구직 시기	− 3학년부터 자기분석, 이력서 등 준비 − 4학년 3월 원서 접수 ⇒ 6월 면접 ⇒ 10월 1일 내정
연 2회(3~4월, 9~10월)	공채 시기	연 1회(3월) * 한국 현지 채용일 경우: 5~6월이 메인이나 10~11월 또는 상시 채용 있음
− 기간: 2~6개월 − 내용: 실무 위주 − 비고: 인턴 후 정규직 전환 가능성 및 스펙으로 활용	인턴	− 기간: 1~5일 − 내용: 간단한 업무 체험, 공장 견학, 사원 교류, 기업설명회 등 − 비고: 인턴과 채용은 별도
− 이력서 및 자기소개서 − 회사마다 질문 다양 − 차별성, 직무 연관성 중요	서류	− 이력서 및 엔트리시트 − 지원 동기, 학교생활 등 일반적인 질문 − 자필 작성과 우편 접수 다수

– 기본 능력과 회사 및 직무 적합성을 판단하기 위한 자료로 활용 – 기업 자체 인적성검사나 공신력 있는 단체 등의 검사를 활용	인적성 검사	– 기본 능력과 회사 및 직무 적합성을 판단하기 위한 자료로 활용 – 대부분의 기업이 SHL, SPI와 같은 시험을 활용 * 일부 직무 관련 시험 있음
– 방식: 여러 차례 개인 또는 그룹면접 (직무면접, 프레젠테이션, 그룹토론 등) – 내용: 직무 관련 질문, 창의력 평가 등 이색 전형	면접	– 방식: 여러 차례 개인 또는 그룹면접(인성면접 중심) – 내용: 이력서와 엔트리시트 위주로 인성 및 기업과의 적합성 파악을 위한 심층 질문 * 이과일 경우 전공 지식 관련 질문 있음

일본의 신입 VS. 경력 채용

신입 채용	경력 채용
취업 경험이 없으며 대학을 막 졸업한 학생을 정규직으로 채용	기업 경영 전략에 맞춰 직무 경험이 있는 인재를 채용
육성을 전제 **성장할 것**을 기대 **잠재력** 중시	**육성된 것**을 전제 **높은 성과** 기대 **실적**을 중시

POINT!
정규직 사원으로 일본인과 동등한 입장에서 일하며 각 업종별 전문가로 성장할 것을 기대

일본의 경력 채용은 한국과 동일하게 결원 보충으로 진행되나 신입 사원은 정규 취업 시기를 통해 채용하는 것이 일반적이다. 한국에서는 신입 때부터 어느 정도 직무 역량과 스펙이 특화된 스페셜리스트를 원하는 경향이 있는 반면, 일본에서는 성장과 인성에 중점을 두고 각 업

종별 전문가로 성장할 것을 기대하는 제너럴리스트를 선호하는 경향이 강하다. 일본의 신입사원 채용 경향은 그 어느 나라와 비교해도 독특하다고 볼 수 있을 정도로 특징적이다.

전형의 각 과정을 통과하기 위해 중요한 것

서류와 면접에서는 말하려는 내용의 선정과 표현을 통해 자신의 역량을 정확하게 전달하는 것이 중요하다.

서류전형	필기시험	면접
지원자 기본 정보와 자기소개서를 바탕으로 채용 조건 부합 여부	성격, 성향, 지적 능력의 공통·직무 역량과 부합 여부	과거 행동과 성과, 성격 등의 역량을 심층적으로 확인하여 자사와의 부합 여부

일본 기업이 스펙을 안 본다고?

한국 기업들이 신입사원을 채용하기 위해 서류를 평가하는 방식을 보면 일명 '스펙(학벌, 자격증, 수상 경력 등)'을 기준으로 가산점을 부여해 일정 점수 이상의 지원자들을 통과시키는 방식이 많다. 취업준비생들은 이 같은 한국의 채용 방식에 익숙하기 때문인지 일본 취업을 준비하는 경우에도 "스펙이 있으면 가산점이 있나요?"라는 질문을 해오는 경우가 적지 않다.

간단히 말하자면 일본은 특정 스펙과 자격증 보유에 가산점을 주지 않는다. 그러나 스펙에 가산점이 붙지 않는다고 해서 이것이 필요 없다는 결론을 내려서는 곤란하다. 서류전형에서 자격증과 스펙에 가산점을 부여하는 평가 방식을 사용하지 않는 것뿐이지, 아예 안 보는 것은 아니기 때문이다. 기계적으로 나열된 스펙에는 가산점이 없지만 나의 이야기를 하는 서술의 근거로 동원될 때는 효과적일 수 있다. 인사 담당자는 당연히 종합적으로 평가하기 마련이다.

일본 기업들도 심화된 글로벌 경쟁 시대에 맞서나가기 위해 인재 확보가 중요한 상황이다. 따라서 한국인 채용의 경우에도 일본인과 동일하거나 혹은 그 이상의 능력이 있는 사람을 채용하는 것이 목적이다. 구직자가 우수한 기업에 들어가고 싶은 것처럼 일본 기업도 글로벌 경쟁력이 있는 인재를 원한다.

내가 가진 스펙을 어필하는 방법과 기업이 이를 평가하는 방식이 다를 뿐 직종 또는 직무에 맞는 스펙이라면 당연히 다른 구직자와의 차별화는 물론 경쟁력을 높일 수 있는 열쇠라는 사실, 잊지 말자.

2

일본 기업의 채용 스케줄

일본 채용·취업 활동(신입사원) 스케줄

일본의 기업들은 일본경제단체연합회의 지침에 따라 신입사원 채용 스케줄을 일률적으로 규정하고 있다. 일본 정부는 일본을 대표하는 1,350개 회원사로 구성된 경단련을 통해 회원사뿐만 아니라 모든 기업이 일정한 규칙과 절차에 따른 채용을 하도록 장려한다. 그것이 학생들의 학업과 취업 활동에 도움이 된다는 판단 때문이다. 가령, 2020년 4월 1일 입사자의 채용 스케줄을 거꾸로 생각해보면 2019년 3월 1일부터 기업의 채용 홍보 활동이 시작되고, 6월 1일부터 본격적인 채용이 진행된다. 연속 4년간 동일한 스케줄의 채용이 진행될 예정이다.

2018년에는 일본 기업의 76.4%가 3월에 원서를 접수했다. 최종 결

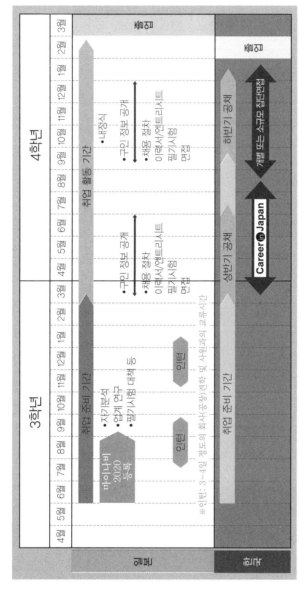

일본과 한국 대학생의 취업 준비 및 활동 기간 비교

과 발표(내내정)는 4~6월이 80.2%로 가장 많았고, 그중 상장 기업 43.8%는 6월에 집중되었다. 또한 일본 기업의 63.9%가 6~10월에 채용을 종료했다. 2019년에도 많은 기업들이 6~10월 중 이듬해의 신규 채용을 마칠 가능성이 높다. 따라서 이 시기를 놓치지 않도록 주의해야 한다.

이처럼 기업들이 나름의 계획으로 채용을 진행하는 한국과 달리, 일본은 경단련의 지침을 통해 기업들의 전체적인 채용 스케줄이 일괄적으로 정해진다. 현지 채용 정보 사이트들의 채용 정보 오픈 및 전형 시기도 이 스케줄에 따라 정해진다. 2020년까지는 위와 같이 동일한 스케줄로 진행될 예정이지만, 매년 채용 스케줄을 꼭 확인하자.

일본 기업 채용에 지원하는 2가지 방법

① 일본 현지 채용에 지원할 경우

일본 현지 학생들과 동일한 스케줄로 취업 준비를 해야 한다. 보통 6월부터 이듬해 채용을 실시하는 기업의 인턴 정보를 확인할 수 있는 취업 정보 사이트가 열린다. 개인의 성격, 잠재적인 능력 등을 중요히 게 생각하는 일본 기업들의 특성상 이 시기에는 보통 자기분석과 업계 연구, 필기시험 등을 준비한다(자기분석 방법에 대해서는 3부 7장을 참고하자). 이듬해 3월 1일부터는 구체적인 구인 정보가 공개된다. 이때부터는 본격적으로 이력서, 엔트리시트, 필기시험, 면접 등 각 기입별 채용 절차를 확인하고 준비하는 취업 활동이 시작되며, 일본 전역에서 취업

설명회가 개최된다. 기업에 따라서는 취업설명회 참가가 지원 조건인 경우도 있기 때문에 이러한 내용 또한 사전에 반드시 확인해두어야 한다.

② 한국에서 진행되는 채용에 지원할 경우

한국에서 열리는 일본 채용 정보는 보통 상반기 때 집중된다. 대략 5~6월 사이 마이나비 본사에서 개최하는 일본 취업 합동면접회인 'Career in Japan KOREA'를 비롯해 각 정부나 단체에서도 이 같은 면접회가 크게 열린다. 단순한 취업설명회가 아니라 바로 면접이 진행되기 때문에 3학년을 마치는 즈음부터는 이력서와 면접을 준비해야 한다.

또한 대부분의 일본 기업들은 매년 10월 1일에 내정식을 치르기 때문에 가급적 그 전에 모든 채용을 마무리 지으려는 경향이 있다. 간혹 (기업 수와 업종이 제한적일 수 있지만) 전략적으로 한국의 채용 활성화 시기인 하반기에 맞추어 채용하는 기업도 있긴 하다. 그러나 보다 많은 기회를 얻기 위해서는 상반기부터 발 빠르게 움직여야 한다.

일본의 신입사원 종합직 일괄 채용

종합직은 전공과 직무의 직접적인 연결이 없어도 입사할 수 있으며 지원자의 기본 역량을 바탕으로 한다. 따라서 종합직으로 채용되면 인사, 재무, 회계, 영업, 기획 등 다양한 직무에 배치될 수 있다. 기술직의 경우에는 전공을 살려 내용이 명확한 직무를 선택하여 입사한다.

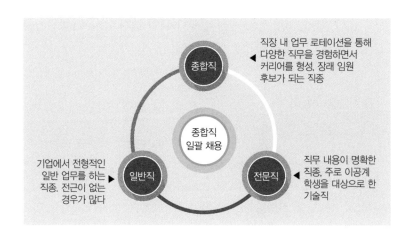

직장 내 업무 로테이션을 통해 다양한 직무를 경험하면서 커리어를 형성, 장래 임원 후보가 되는 직종

종합직 일괄 채용

기업에서 전형적인 일반 업무를 하는 직종. 전근이 없는 경우가 많다

직무 내용이 명확한 직종, 주로 이공계 학생을 대상으로 한 기술직

종합직과 일반직

종합직과 일반직은 채용 전형이 시작될 때 한 번에 접수를 받으며 전형 과정에서 지원하는 전형이 종합직인지 일반직인지 결정하게 된다. 기업에 따라 처음부터 구분하여 지원 접수를 받는 경우도 있고, 일단 한 번에 지원 접수를 받은 후 전형 중에 선택하게 하거나 기업 쪽에서 지원자에게 제안을 하는 경우도 있다. 기업의 입장에서 종합직 지원자가 일반직에 더 적합하다고 판단될 경우 종합직 지원자에게 일반직을 제안하는 경우도 있다.

(1) 업무 내용
예) 은행원
- 종합직: 법인영업이나 융자 담당 등 책임이 큰 일을 맡게 된다.
- 일반직: 종합직의 서포트 역할이라고 생각하면 이해하기 쉽

다. 경리, 사무 등의 일상 업무나 개인 고객 담당 등 업무가 한
정되는 경우가 많다.

(2) 기본급의 차이
보통 종합직이 더 높다.

(3) 승진 속도
직무자격제도를 시행하는 기업의 경우, 시작 단계부터 진급에서 차
이가 있어 종합직을 우선하는 경향이 있다.

(4) 부서 배치, 전근의 유무
종합직은 책임감을 요구하는 업무를 맡게 되어 승진에서 우대받을

> **Tip**
>
> ### 일본의 직무자격제도와 채용 전형 구분
>
> 직무자격제도란 직무 기술서에 기술되어 있는 내용에 한정하여 자격과 숙
> 련도 등의 항목을 심사, 평가해서 급여와 보수를 정하는 성과급 제도다. 미
> 국처럼 직능별로 채용되는 형태라고 생각하면 이해하기 쉽다. 일본에서는
> 경력직을 채용할 경우 대체로 직무별로 채용하지만, 신입 채용일 경우에는
> 종합직과 일반직을 구분하는 '고용 구분별 채용'이 47%, '직종, 고용을 구
> 분하지 않는 일괄 채용'이 25%로, 일본(계) 기업의 72%는 신입 채용 시 '종
> 합직 일괄 채용'으로 진행한다고 정리할 수 있겠다. 이와 같은 이유로 직무
> 자격제도는 시작부터 개개인의 능력에 맞춘 급여 체계로 시작하나, 종합직
> 은 기업이 정한 기준에 맞춰 연차와 성과 등에 따라 급여가 조율된다.
> 참고로 외국계 일본 법인의 경우 직종별 채용이 40%, 고용 구분별 채용이
> 2%, 직종, 고용을 정하지 않은 일괄 채용이 10%, 결원 보충 개별 채용이
> 31%였다.
>
> 출처 및 참고: MERCER Japan, '역할, 직무에 기반한 인재 매니지먼트 조사', 2017년

수 있는 반면에 일본 내 혹은 해외로 전근을 하는 경우도 많다. 일반직은 채용된 지역의 지점, 사무소 등에서 정년까지 근무하는 경우도 있으나 예외도 있다. 기업에 따라서는 종합직과 일반직 전형이 분류되어 있지 않은 경우도 있다.

일본의 인턴십

대기업과 상장 기업은 70% 이상이 실시, 실시 기간은 1일이 상당수

보통 3~6개월 장기간 지속되는 한국 기업의 인턴십과 달리 일본 기업의 인턴십은 1~3일 단기로 진행하는 것이 일반적이다. 길어야 1주일 정도다. 한국이 '채용형 인턴십'이라면 일본은 '체험형 인턴십'이라고 할 수 있겠다.

실시 시기는 2월과 8~9월이 가장 많다. 1주일간 인턴 경험을 하고 싶다면 2월보다는 8~9월에 실시하는 기업이 많으니 여름방학을 활용하면 좋다.

인턴십 프로그램은 간단한 업무 체험과 견학, 사원들과의 교류 등으로 구성되어 있다. 조금 긴 기업 탐방 정도로 생각하면 된다. 일본 대학생들은 인턴십에 참가하는 목적으로 '기업 연구'를 가장 많이 꼽는다. 그다음이 '내가 무엇을 하고 싶은지 알기 위해', '적성 확인을 위해', '사회 경험을 위해'의 순서다. (마이나비, '인턴십 의식 조사', 2018년 7월) 일본 대학생들은 주로 자신이 지원하고자 하는 기업 또는 업계를 탐방하며 정보를 알아보고 자신과 맞는지를 확인하는 시간으로 인턴십을 활용한다고 볼 수 있다.

한국 청년들도 인턴십을 활용해 단기간에 다양한 일본 기업을 경험해보면 좋을 듯하다. 단, 한국처럼 인턴 후 정규직 채용 전환을 하는 기업은 많지 않으니 설득력 있는 이력서를 작성하기 위한 기업 연구에 목적을 두자.

3

일본 기업 채용 정보 찾기

한국에서 진행하는 일본 기업 채용 정보 찾기

① 일본계 HR 회사 웹사이트

국내 포털 사이트에서는 '일본 취업'을 아무리 검색해도 정확한 채용 정보를 찾기가 쉽지 않다. 한국에서 쉽고 확실하게 일본 채용 정보를 알고 싶다면 마이나비코리아와 같은 인재 소개업 일본계 한국 법인 사이트를 찾아 문의하는 것이 좋은 방법이다. 일본에서 한국인 채용 정보를 제공하는 경우는 보통 일본 본사와 한국 법인이 협력하고 있는 경우가 많다. 홍보를 위해 한국 정부에서 운영하는 '월드잡(http://www.worldjob.or.kr)'에 채용 공고를 올리는 경우도 저지 않으니 이 또한 참고할 만하다.

② 채용박람회 참가

매년 6월 말에 개최되는 일본 취업면접회 'Career in Japan KOREA'를 포함해 주로 5~6월에 많이 열린다. 서류전형은 보통 면접 일정 1개월 전에 마감하는 경우가 많다.

③ 헤드헌터를 통한 취업

헤드헌터는 채용 기업과 구직자를 중개하고 채용을 돕는다. 기업에 따라서는 공채 외에 헤드헌터를 통해 채용을 실시하기도 한다. 따라서 한국에 진출한 일본계 인재 소개업 웹사이트에 이력서를 등록해놓으면 적절한 채용 정보가 있을 경우 헤드헌터를 통해 추천을 받을 수도 있다.

①과 ②의 방법이 구직자 스스로 적극적으로 나서야 하는 방법이라면, 이 방법은 헤드헌터가 지원 절차를 전반적으로 대행하기 때문에 기업이나 전형에 관련된 궁금증 등에 대해서도 도움을 받을 수 있다.

일본 현지에서 진행하는 일본 채용 정보 찾기

일본 현지 채용에 지원할 경우에는 철저히 현지 일정과 방식에 맞게 준비해야 한다. 일본 현지 대학생들의 취업 준비 방법을 보면 '취업 정보 사이트 등록'이 81.5%로 가장 많았고 '교내 세미나와 합동 기업설명회 참가'가 그 뒤를 이었다.

① 일본 현지 채용 정보 사이트

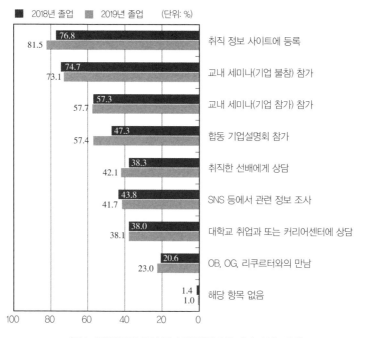

■ 2018년 졸업　■ 2019년 졸업　(단위: %)

항목	2018년 졸업	2019년 졸업
취직 정보 사이트에 등록	76.8	81.5
교내 세미나(기업 불참) 참가	74.7	73.1
교내 세미나(기업 참가) 참가	57.3	57.7
합동 기업설명회 참가	47.3	57.4
취직한 선배에게 상담	38.3	42.1
SNS 등에서 관련 정보 조사	43.8	41.7
대학교 취업과 또는 커리어센터에 상담	38.0	38.1
OB, OG, 리쿠르터와의 만남	20.6	23.0
해당 항목 없음	1.4	1.0

일본 대학생들의 취업 준비 방법(인턴십 제외, 복수 선택)

출처: 마이나비

마이나비와 같은 사이트를 통해서 기업과 채용 정보, 취업박람회 정보를 직접 찾아보고 지원할 수 있다. 사이트 내에 '외국인 유학생 채용'이라는 배너가 있거나 검색창에 '글로벌 인재' 또는 '외국인', '해외' 등으로 검색하면 외국인을 적극 채용하려고 하는 기업들을 확인할 수 있다.

마이나비만 해도 기업 심사부가 따로 있어서 기업의 재정 상태, 블랙기업 여부 등이 확인 가능하다. 또한 사전에 까다로운 심사를 통해서 합격한 기업만 채용 공고를 올릴 수 있도록 하고 있다.

2020년 3월 졸업 예정자 대상
신입사원 전용 취업 정보 사이트 바로 가기
(https://job.mynavi.jp/20/pc)

② 합동 기업설명회 참가

취업 정보 사이트가 오픈하는 3월 1일부터 일본 전역에서 합동 기업설명회(한국의 취업박람회)가 개최된다. 합동 기업설명회는 일본인 대학생들을 대상으로 하는 설명회와 일본 현지 외국인 유학생 또는 글로벌 인재를 대상으로 하는 설명회로 나뉜다. 참가 방법은 각 개최사의 취업 정보 사이트에서 확인 가능하다.

4

취업 대책
이력서 작성법, 면접 진행 방식, 적성검사

서류전형

일본 기업의 채용 절차에서 서류전형을 보면, 이력서 또는 엔트리시트Entry Sheet 제출이 요구된다. 이력서와 엔트리시트 둘 다 요구하는 경우도 있고, 둘 중 한 가지만 요구하는 경우도 있다.

엔트리시트는 기업에게 자신을 세일즈하는 '기획서'이고, 이력서는 엔트리시트에 쓰인 내용을 뒷받침하는 약력을 적은 '요약문'이라 생각하면 이해하기가 쉬울 것이다. 이력서는 자유 양식 또는 규정된 이력서 양식을 사용하면 되지만 엔트리시트는 각 기업별로 정해진 양식이 있으며 기업마다 질문도 다 다르니, 지원하는 기업의 엔트리시트 내용을 상세히 확인해야 한다.

이력서와 엔트리시트를 뜯어보자

이력서	엔트리시트
이름, 주소, 학력(경력), 자격증, 면허증, 출퇴근 소요 시간, 자기 PR, 본인 희망 기입란	1. 학창 시절에 가장 열심히 한 것은? 2. 지원 동기 3. 자기 PR … 등 ※ 기업별로 질문이 다양하다
엔트리시트를 뒷받침하는 약력의 '요약문'	기업에게 자신을 세일즈하는 '기획서'

분량

이력서는 기본적으로 A4 2장 정도이고, 엔트리시트도 기업마다 양식은 다양하지만 기본 분량은 A4 2~3장 정도다.

이력서 구입 방법

일본 대학생들은 보통 학교에서 발행하는 이력서 양식을 교내 매점에서 구입해 쓴다. 학교에서 발행하는 이력서 양식이 없다면 자유 양식으로 제출하면 된다. 검색창에 일본어로 '新卒 履歴書 フォーマット'라고 검색하면 일본에서 구직자들이 사용하는 일반적인 이력서 양식을 다운로드할 수 있다.

이력서와 엔트리시트에 대한 3단계 평가

1단계: 타당한 문장인가?

です, ます로 통일해서 기입. 글의 논리를 체크하자.

2단계: '나'가 잘 전달되는가?

구체적인 에피소드, PR 포인트의 근거, 타인의 평가 등으로 '나'를 객관적이고 명확하게 전달하자.

3단계: PR 포인트를 통해 '채용하고 싶다'는 마음을 들게 하는가?

단순히 자기 자랑만 늘어놓은 건 아닌지, 직무와 연결되어 실질적으로 도움이 될 만한 이야기인지 확인하자.

이력서 & 엔트리시트 공략법

✓ 글자 크기(손으로 적는 경우라면 특히 유의하자)

✓ 단순한 스펙 나열은 NG!

✓ 구체적인 에피소드로 설명하기

✓ 분량은 제한되어 있다. 상대방에게 내 의도가 정확하게 전달될 수 있는 에피소드, 근거 등을 잘 선택하자.

✓ 정성스럽게 기입하기

✓ 여러 명의 타인에게 확인받기

✓ 마감 전 여유 있게 제출하기

엔트리시트의 진실

✓ 10초 안에 판단한다.

✓ 꼼꼼히 읽는 경우는 거의 없다(면접 직전에 읽는 경우도 적지 않다).

인사 담당자는 대량의 이력서와 엔트리시트를 처리하기에 한순간에 합격, 불합격을 판단한다. 문장 이외의 요소(대학, 전공, 어학, 적성검사 등)까지 더해 종합적으로 평가한다.

이력서 & 엔트리시트 작성 방법

이력서 예시

1

履歴書

平成 30 年 6月 5日現在

ふりがな			きむ ぼきょん		写真を貼る位置
氏　名			**金　保庚**		1. 縦 36〜40 mm 　横 24〜30 mm 2. 本人単身胸から上 3. 裏面このりづけ 4. 裏面に氏名記入
生年月日		平成○○年 ○月 ○ 日生 　　　(満 ○○ 歳)		※ 男 ・ ⊗	
携帯電話番号	○○○-○○○-○○○	E-MAIL	○○○○○○@○○○○○○.○○○		

ふりがな そうる がんなむぐ よんどんでろ 511、とれーどせんたーとれーどたわー1901	電話 (　　○○○　　)
現住所〒 06164	○○○○ ─ ○○○○
Seoul Gangnam-gu, Yeongdong-daero 511, Trade Center Trade Tower 1901	FAX (　○○○　)
	○○○○ ─ ○○○○
ふりがな	電話 (　　　　　)
連絡先〒　　　　　　　(休暇中住所)	─
同上	FAX (　　　　　) ─

2

年	月	学歴・職歴（各項目ごとにまとめて書く）
		学歴
平成○○	2	韓国　○○○中学校　卒業
平成○○	3	韓国　○○○高等学校　入学
平成○○	2	韓国　○○○高等学校　卒業
平成○○	3	韓国　○○○大学　○○学部　○○学科　入学
		平成 28 年 1 月〜平成 30 年 3 月日本○○大学に留学
平成○○	2	韓国　○○○大学　○○学部　○○学科　卒業見込み
		経歴
		なし
		以上

記入上の注意　1：数字はアラビア数字で、文字はくずさず正確に書く。

　　　　　　　2：※印のところは、該当するものを○で囲む。

年	月	免許・資格
平成〇〇	3	**普通自動車第一種運転免許　取得**
平成〇〇	3	TOEIC 700 点　取得
		以上

最寄り駅	扶養家族数	配偶者	配偶者の扶養義務
山手　線　新宿　駅	（配偶者を除く）　　　　人	有 ・ 無	有 ・ 無

特技・趣味

特技：ゴルフ（100）、2 カ月に 1 回ラウンドしています。

趣味：国際交流（3 年間留学生に韓国語を教えています）

5

自己PR

私は、最新の Web・IT 技術やツールに関する情報をいち早く把握することが得意です。また、大学のゼミナールの研究では、フィールドワークや膨大な資料の調査など研究内容の深さを教授に評価してもらい、50 人のゼミナール生の中で最優秀評価をいただきました。最新のマーケティング手法への情報感度や、課題追求が得意なところは貴社での顧客の課題解決の仕事にも活かすことができます。

貴社のマーケティング支援部門での法人営業に取り組みたいです。OB 訪問で法人営業担当の〇〇様に業務内容や、自分が練ったアイディアが顧客企業の集客成果につながったときのやりがいを伺い、ぜひ貴社で働きたいと思いました。入社後は、常に勉強を重ね、顧客に寄り添って課題解決策を考え、提案力と解決力の高い営業を目指したいです。一つの職種にはこだわりませんが、自分の成長を通じて会社の成長につなげていきたいです。

本人希望記入欄

貴社規定に従います。

1. 기본 정보

후리가나를 보고 히라가나, 또는 가타카나로 작성

한자 읽는 법을 작게 써놓은 것을 뜻하는 후리가나를 기입할 경우, 이력서 양식 내에서 후리가나를 히라가나로 표기하는지 가타카나로 표기하는지를 확인하고 그에 맞춰 써야 한다. 예시의 이력서 양식에서는 히라가나로 표기하고 있으므로 성명, 주소를 히라가나로 기입한다.

CHECK POINT

일반적으로 외래어 표기나 단어를 강조할 때 가타카나를 사용하지만 절대적인 건 아니다. 반드시 양식 내의 후리가나를 확인한 뒤 그에 맞춰 기입하는 것이 중요하다.

한자가 아닌 한글 이름일 경우에는?

한자 기입란에는 가타카나로 기입하고, 읽는 법 기입란(후리가나)에 마찬가지로 양식 내의 표기를 따라 기입한다. (예시 이력서의 경우라면 히라가나로 기입)

① 날짜

일본에서는 날짜 표기에 있어 서력西曆과 일본식 달력인 화력和曆 두 가지를 사용한다. 따라서 이력서 작성일, 생년월일, 자격증 취득일 등 날짜를 적을 때는 서력과 화력 중 하나를 선택해 통일해야 한다. 양식 내에서 제시하는 경우도 있지만, 예시의 이력서처럼 별도 표시가 없는 경우에는 둘 중 하나를 자유롭게 선택해 기입하면 된다.

이력서뿐만 아니라 관공서나 은행 등에서 각종 수속을 밟을 때도 화력을 자주 마주하게 되니 꼭 기억해두자.

일본식 달력이 뭐죠?
2019년은 헤이세이平成 31년이며, 헤이세이 마지막 연도다. 1926년부터 1989년까지는 쇼와昭和라는 표기를 사용했다. 헤이세이, 쇼와 등의 표기는 일왕의 즉위에 따라서 명칭이 변경되며 변경 시점이 해당 표기의 원년이 된다.

② 연락처

일본 기업 쪽에서 우편을 발송하는 경우가 있으니 무사히 도착할 수 있도록 영어로 정확히 기입한다. 휴가 중에도 연락 가능한 연락처와 주소가 현주소와 동일할 경우에는 위의 예시처럼 '同上(위와 같음)'이라고 써넣으면 된다.

③ 증명사진

사진의 배경은 하얀색으로 하고, 흰색 와이셔츠와 검정색 정장을 착용한 사진으로 넣어야 한다. 인화된 사진으로 직접 붙일 경우에는 언제 어디서 사진이 떨어질지 모르니 사진 뒤에 대학교명과 성명을 기입해두자.

2. 학력·경력
- 학력을 쓸 때는 첫 줄에 먼저 '学歴(학력)'이라고 기입한 뒤 두 번째 줄부터 학력을 기입한다. 학교명은 정식 명칭으로 기입해야 하고, 학교명 기입 후에는 각각 '입학', '졸업', '졸업 예정'을 기입한다.
- '経歴(경력)'을 가운데 기입하고 'なし(없음)'라고 쓴 뒤, 마지막에

마무리를 짓는 의미로 '以上(이상)'이라고 우측 아래에 기입한다.

3. 면허·자격

면허·자격 기입란에는 세 가지 포인트를 고려해서 기입한다. 항목
명이 '면허·자격'이라고 되어 있기 때문에 순서에 맞춰 면허에 해당하
는 내용을 먼저 적는다.

첫째, 취득일을 순서대로 기입

둘째, 정식 명칭을 기입

셋째, 지원하는 기업의 업무 내용과 관련 있는 자격증만 기입

운전면허증의 경우에는 아래와 같이 기입한다.

예) 普通自動車第一種運転免許 取得(보통 자동차 제1종 운전면허 취득)

마지막으로 '以上(이상)'을 반드시 기입한다.

4. 특기·취미

특기와 취미를 기입하는 곳에는 단순히 본인이 좋아하는 취미와 특
기를 적으면 된다고 생각하기 쉽지만 특기와 취미 또한 본인의 역량을

어필할 수 있는 부분이다. 독서, 운동 등 일반적인 내용보다는 지원하는 기업의 업종이나 인재상을 고려해 입사 후에도 활용할 수 있는 취미로 기입하는 게 좋다.

예를 들어 IT 기술직이라면 프로그래밍을, 영업직이라면 '골프 100, 두 달에 한 번 라운드'와 같이 적을 수 있다. 또한 국제 교류와 같은 내용(3년간 유학생 대상으로 한국어와 한국문화 교육)을 적을 수도 있다. 각 업종 또는 직무별 성격에 따라 비즈니스에서도 활용할 수 있는 내용으로 기입하자.

CHECK POINT

- 한 분야에서 장기간 했던 특기나 취미로 지구력과 실행력을 어필한다.
- 업무에도 활용할 수 있거나 면접관에게 화젯거리를 제공할 수 있는 내용이면 좋다.

5. 자기 PR

앞에 제시된 자기 PR 답변 예시를 좀 더 자세히 보면

① "최신 Web, IT 기술과 툴에 관한 정보를 발 빠르게 파악하는 데 자신이 있습니다"라고 본인의 어필 포인트를 먼저 기입하고

② "교수에게 평가받았다"라고 타인의 평가를 넣고

③ "최신 마케팅 방법에 대한 정보 파악과 과제를 항상 생각해낼 수 있는 능력은 귀사 고객의 과제 해결 업무에 활용 가능하다"라고, 본인의 능력이 입사 후에 어떻게 활용될 수 있는지를 제시했으며

自己PR

私は、①最新の Web・IT 技術やツールに関する情報をいち早く把握
することが得意です。また、大学のゼミナールの研究では、フィー
ルドワークや膨大な資料の調査など研究内容の深さを ②教授に評価
してもらい、50人のゼミナール生の中で最優秀評価をいただきまし
た。③最新のマーケティング手法への情報感度や、課題追求が得意
なところは貴社での顧客の課題解決の仕事にも活かすことができま
す。

貴社のマーケティング支援部門での法人営業に取り組みたいです。
④OB訪問で法人営業担当の○○様に業務内容や、自分が練ったアイ
ディアが顧客企業の集客成果につながったときのやりがいを伺い、
ぜひ貴社で働きたいと思いました。⑤入社後は、常に勉強を重ね、
顧客に寄り添って課題解決策を考え、提案力と解決力の高い営業を
目指したいです。一つの職種にはこだわりませんが、自分の成長を
通じて会社の成長につなげていきたいです。

④ "OB 방문"을 하면서까지, 기업 연구를 충분히 했다는 것을 통해
　　입사 의지와 열정을 어필했고

⑤ "입사 후에도 항상 공부하여 고객에게 한발 먼저 다가가 과제의
　　해결책을 생각하고, 제안 능력과 해결 능력이 높은 영업사원을 목
　　표로 하고 싶습니다. 한 직종에만 얽매이지 않고 저의 성장을 회
　　사의 성장으로 연결할 수 있도록 노력하고 싶습니다"라는 말은
　　본인이 원하는 업무가 아니더라도 항상 배움의 자세를 가지고 성

장하겠다는 의욕을 어필하고 있다.

6. 본인 희망 기입란

기본적으로는 '貴社規定に従います。(귀사 규정에 따릅니다.)'라고 쓰는 게 일반적이다. 이 항목은 일반적으로는 급여, 근무지, 근무시간 등 근로조건의 희망 사항을 기입하는 곳이지만 경력이 아닌 신입사원으로 지원할 때는 겸손한 자세를 어필하기 위해 '귀사 규정에 따릅니다'라고 기입하는 게 좋다.

이력서 작성 시, 주의해야 할 점

√ 각 질문의 정해진 답변 분량을 80% 이상 채웠는가?
√ 일본어 한자 변환과 조사, 단어 사용에 틀린 부분은 없는가?

CHECK POINT

일본에서는 아직까지도 손으로 쓴 이력서를 요구하는 기업들이 있다. 일반적으로 이력서가 자유 양식이고 우편 제출일 때에는 손으로 써서 제출하는 게 기본이라고 생각하면 된다. 이러한 문화는 정성스러운 글씨로 잘 정리된 이력서를 통해 지원자의 열의와 마음가짐을 보고자 하는 일본 기업들의 특성 때문이다. 경험과 스펙, 기술보다는 지원자의 품성이나 인격, 그리고 기업에 대한 열정을 보고자 하는 것이다. 수정테이프 사용은 불가하니 틀리지 않도록 주의하며 기입하자.

일본 기업 서류전형에서 자주 나오는 질문 Best 3

1. 학창 시절에 가장 열심히 한 것은?
2. 학교 이외의 활동에서 열심히 한 것은?
3. 지원 이유

이력서에 기입하는 에피소드는 기본적으로 대학 시절의 내용을 쓰면 된다. 간혹 부모님 얘기부터 시작해 초중고를 지나 대학생활까지 장황하게 쓰는 지원자들이 있는데 엔트리시트는 보통 질문이 명시되어 있고 한 질문당 답변의 분량이 300~400자 정도로 짧다. 따라서 초중고생 때의 에피소드가 현재 본인의 가치관이나 장래 희망에 큰 영향을 끼치는 등 현재 상황과 잘 연결된다면 쓸 수도 있겠지만 그래도 가급적 간략하게 쓰고, 대학생활부터 현재까지의 경험과 미래에 대한 내용이 전체 분량의 70~80%가 되도록 구성하는 것이 적절하다. 인사 담당자가 서류를 보고 현재의 나를 떠올리기 쉽도록 대학 시절의 에피소드에 집중해서 쓰는 걸 추천한다.

이력서 & 엔트리시트 질문별 작성 포인트

[Point 1. 분량] 정해진 분량의 80% 이상은 기입하자
일본 엔트리시트는 각 기업별로 대부분 질문이 명시되어 있다. 각 질문의 답변에서 정해진 분량의 80% 이상은 채울 수 있도록 해야 한다.

너무 짧게 기입하면 의욕이 낮거나 준비성이 없는 성격으로 평가될 수도 있다.

[Point 2. 일본어] 적어도 서류에서만큼은 완벽한 일본어를 보여주자

일본 현지 기업은 비즈니스 레벨의 커뮤니케이션 능력을 필요로 하기 때문에 적어도 자연스러운 회화가 가능한 사람을 채용하려 한다. 따라서 일본어는 필수적으로 준비해야 할 사항이다. 그런데 '난 외국인이니까 조금 틀려도 괜찮겠지?'라고 생각하거나 '일본어 실력을 있는 그대로 솔직하게 보여주자'라는 생각으로 엔트리시트를 작성하고 원어민 확인도 받지 않은 채 제출하는 지원자도 있다.

일본 기업들이 엔트리시트를 통해 단순히 일본어 실력만 보는 게 아니란 걸 명심하자. 외국인인데도 불구하고 완벽한 일본어로 작성한 엔트리시트를 받아 든 인사 담당자는 단순히 일본어 실력만 보지 않는다. 담당자는 아마도 지원자에 대해 '일본어에 핸디캡이 있음에도 좋은 결과물을 내도록 노력할 사람이구나' 하고 엔트리시트를 쓰기까지의 과정을 높이 평가할 가능성이 높다. 그러므로 적어도 사전에 충분히 준비할 수 있는 서류전형에서만큼은 일본어를 완벽하게 준비하자.

[Point 3. 명확한 문장] 보기 좋은 문장으로 쓰자

결론부터 쓰고, 문단과 문단 사이는 확실히 구분해 읽는 사람이 편하게 하며, 비유적인 표현은 되도록 지양하는 게 좋다. 상대방이 읽기 쉬운 문장이 되도록 신경 써야 한다.

Tip

비유로 설명하는 문장이란?

- 공자는 말했습니다. 학이불사즉망. 저는 이 단어를 체현하고 있습니다.
- 제 성격을 사자성어로 표현한다면 '자전일섬'입니다.
- 저는 스펀지같이 모든 업무를 다 흡수할 수 있습니다.

담당자에 따라서는 이러한 문장들을 쉽게 이해할 수도 있겠으나, 그런 담당자가 내 이력서를 보길 바라는 모험을 굳이 할 필요는 없다. 따라서 중학생이 읽어도 이해할 수 있을 만큼 쉽고 명확한 표현으로 쓰기를 조언하고 싶다. 특히 어문계열 전공자라면 어려운 말만 늘어놓지 않는 게 좋다. IT 등 특정 분야의 지원자라면 해당 분야의 전문용어는 그대로 써도 괜찮다.

[Point 4. 내용] 차별화와 성과 두 가지를 다 잡자

내용 면에서는 차별화와 성과 두 가지 포인트를 모두 잡아야 한다. 지금까지의 경험들 중에서도 다른 구직자와 차별화될 수 있는 가장 경쟁력 있는 에피소드를 고르자. 예를 들어 3개 국어 이상을 한다거나, 유학, 애플리케이션 개발, 학교에서의 연구, 인턴 경험 등이다. 성과에서는 토익 만점, 전국 대회 표창, 아르바이트에서의 매출 증대 등이 있을 수 있다.

[Point 5. 구성] 'STAR'를 유념하자

'STAR'를 유념하고 서류를 쓰면 자신의 생각과 실행력, 결과, 앞으로의 비전 등 성장 가능성을 어필하는 것은 물론 그러한 경험을 업무에서 어떻게 활용할 수 있는지까지 연결 지어 마무리할 수 있다. 예를 들어 앞서 서술한 대학교 때의 성장 과정을 통해 사회인이 되어서도 계속해서 성장할 것이며 이를 통해 기업에서의 활약을 기대할 수 있다는 가능성을 전달하는 것이다.

Situation(상황)	상황을 알기 쉽게 명확히 설명
Task(역할)	해당 상황에서 본인이 맡았던 역할을 설명(개인 활동일 경우에는 생략)
Action(행동)	구체적인 행동을 서술
Result(결과)	행동의 결과를 서술

엔트리시트 질문 예시

1. 모 종합상사의 엔트리시트 질문 예시

> 1. 지금까지의 학교생활에서 이룬 성취 또는 경험을 알려주세요. 동아리, 취미, 봉사 활동, 인턴 등 어느 것이어도 좋습니다. (250자)
> 2. 당신의 경험 중에서 주변 사람들과 신뢰 관계를 구축했던 에피소드를 알려주세요. (400자)
> 3. 주체적으로 실행했던 것 중에서 가장 힘들었던 일은 무엇입니까? 그 일은 꼭 달성하지 못한 경험이어도 괜찮습니다. (400자)
> 4. 우리 회사에서 도전하고 싶은 것, 실현하고 싶은 것을 알려주세요. (250자)

위의 질문으로 파악할 수 있는 이 기업의 성격은 직원의 유연성, 실행력, 커뮤니케이션 능력, 신뢰할 만한 논리적 사고력을 중시한다는 것이다. 따라서 이 엔트리시트에 있는 4개의 질문에 기업이 원하는 인재상이 드러날 수 있는 에피소드로 스토리텔링을 해야 한다.

주의해야 할 점은 한 질문에 하나의 포인트만 집중해 어필하는 것이다. 인재상에 맞추려고 이것저것 어필하려다가 한 질문에 너무 많은 정보를 넣어버리면 읽는 사람은 도대체 이 사람이 무엇을 이야기하고 싶은 것인지 파악하기가 힘들어진다. 한 질문당 한 가지의 포인트만 부각하는 것에 유의하자.

한편, 위 예시는 종합상사의 업무 성향을 반영한 질문이라고도 볼 수 있다. 종합상사 비즈니스에서는 프로젝트를 성공시키기 위해서 다양한 관계자들을 엮어야 하는 신뢰 관계 구축 능력을 필요로 하는데, 지원자에게 그러한 경험과 능력이 있는지를 알고 싶어 하는 것이다. 주변 사람들에게서 신뢰를 얻은 에피소드를 통해 신뢰 관계 구축 능력을 어필하고, 이후의 질문에서 실행력과 논리적 사고력 등을 어필하는 것이 좋다.

2. 모 서비스 기업의 엔트리시트 질문 예시

1. 우리 회사에 지원하는 이유를 알려주세요.
2. 현시점에서 스스로를 평가한다면, 자신이 어떤 분야에서 최고라고 생각하나요? 그 이유는?
3. 대학교 입학 이후의 경험 중 자신 있게 '이것을 했다'라고 말할 수 있는 일은 무엇인가요? 구체적으로 알려주세요.

이 기업은 애사심이 중요하며 각자의 개성과 커뮤니케이션 능력을 중시하는 곳이다. 글로벌 사업 쪽에서 실적이 상승하며 좀 더 사업 영역을 넓히려 하고 있기에 이러한 점 또한 적절하게 고려하며 각 질문에 답변해야 할 것이다.

인사 담당자의 질문 의도
√ 왜 이 회사에 지원했는가? 왜 경쟁사가 아닌 이 회사인가?
√ 지원 동기를 정리하는 데 필요한 기업 및 업계 연구가 충분히 되

어 있는가?

√ 이 회사에서 일하고자 하는 열의와 의욕이 있는가?

√ 어떠한 부분에 관심을 가지고 있는가?

지원자가 어필해야 하는 포인트

왜 그 회사에서 일하고 싶은지에 대해 구체적으로 어필해야 한다. '타사(경쟁사)에는 없는 서비스에 감동해 관심을 가지게 됐다' 등 본인이 공감한, 그 회사만의 특색을 예로 들며 자신의 장점과 능력을 회사에서 어떻게 활용할 수 있을지에 대해 설명하면 설득력 있는 내용으로 정리할 수 있을 것이다.

5

면접 준비

일본 기업의 면접전형은 채용에 지원하는 방법에 따라 횟수가 달라진다. 한국에서 진행되는 채용이라면 1~3회, 일본 현지에서 진행되는 채용이라면 4~5회 정도로, 일본 기업이 방한해 진행하는 채용의 면접 횟수가 더 적다. 또 지원자가 지원한 채용 절차 프로세스에 따라서도 면접 방식이 매우 다양해지므로 각각의 채용 절차를 면밀하게 알아볼 필요가 있다.

일본 현지의 신입사원 채용 면접 종류

1차 면접은 그룹면접과 그룹토론 형식이 많고

2~3차 면접은 개인면접으로 과장, 부장, 또는 부서 담당자가 면접관인 경우가 많다.

4차(또는 최종) 면접은 개인면접이자 임원면접으로 진행된다.

한국에서 진행되는 면접전형

총 전형이 1~3차(또는 최종)로 실시된다면 1~2차는 화상면접으로 진행되는 경우도 많고, 최종면접은 주로 일본 본사에서 진행한다.

합격자의 공통점

면접이 일반적인 내용으로 다소 평이하게 진행되더라도 일본어 커뮤니케이션 능력과 함께 좋은 인상을 준다면 합격할 가능성이 높다.

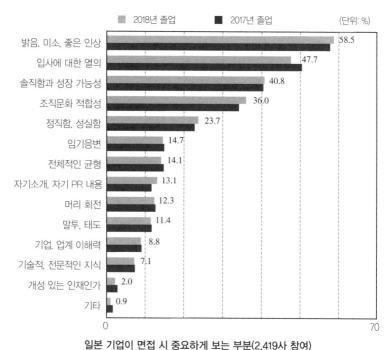

밝음, 미소, 좋은 인상　　58.5
입사에 대한 열의　　47.7
솔직함과 성장 가능성　　40.8
조직문화 적합성　　36.0
정직함, 성실함　　23.7
임기응변　　14.7
전체적인 균형　　14.1
자기소개, 자기 PR 내용　　13.1
머리 회전　　12.3
말투, 태도　　11.4
기업, 업계 이해력　　8.8
기술적, 전문적인 지식　　7.1
개성 있는 인재인가　　2.0
기타　　0.9

0　　70

일본 기업이 면접 시 중요하게 보는 부분(2,419사 참여)

출처: 마이나비, 2018년 졸업생 대상 신입사원 채용 예정 기업 조사

면접 복장

기본적으로 한국과 비슷하다. 여성일 경우 블라우스는 옷깃이 있는 걸로 입고, 액세서리와 화장은 화려하지 않고 깔끔하게 한다. 남성도 앞머리가 눈에 걸리지 않게 하고, 전체적으로 청결하게 입으면 된다. 기본적으로 검정 정장을 입고 양말은 검정색이나 진한 회색을 신으며 벨트도 반드시 한다.

우리나라는 보통 커플링을 많이 하는데 면접 시 커플링은 되도록 빼는 게 좋다. 일본에서는 일반적으로 커플링을 결혼반지라고 생각하는 경우가 많다. 커플링을 끼고 있으면 결혼을 했다고 오해를 받거나, 애인과의 커플링이라고 설명하게 되더라도 성숙하지 못한 사람으로 평가될 수 있으니 조금이라도 오해의 소지가 있는 반지는 끼지 않는 게 좋다.

면접 시 매너

- 입실할 때는 입사 의지를 표현하는 의미로 강하게 3회 노크한다.
- 안에서 "どうぞお入りください(들어오세요)"라는 사인이 떨어지면 "失礼いたします(실례하겠습니다)"라고 말한 후 문을 열고 입실한다. 입실 후에는 문 바로 앞에서 다시 한 번 "失礼いたします"라고 말한다.
- 착석하라는 면접관의 안내가 있을 때까지 의자 앞에 서서 대기하다가 안내를 받고 난 뒤 "ありがとうございます(감사합니다)"라고 인사하고 착석한다.

면접 장소에 따라 순서와 방식은 얼마든지 달라질 수 있다. 기본적으로 면접관의 안내에 귀를 기울이며 상황에 맞게 행동하도록 하자.

면접에 자주 나오는 질문

면접관은 지원자가 제출한 이력서 또는 엔트리시트 내용을 바탕으로 질문한다. 모든 질문은 꼬리에 꼬리를 무는 형식으로 이어진다.

- 왜 우리 회사인가요?
- 본인의 장점과 단점은?
- 아직까지 고치지 못한 본인의 단점은?

특히 한국인 구직자에게 많이 물어보는 질문

- 왜 일본에 취업하고 싶은가요?
- 일본에는 얼마나 있을 예정인가요?
- 일본에서 유학이나 여행을 해본 적이 있나요?

Tip

면접 중 갑자기 답변이 막힌다면?

일본인의 입버릇 'えっと'를 활용하자. "え〜〜〜〜〜っと"라고 길게 말하면 5초 정도는 시간을 벌 수 있다. 그래도 답변이 생각나지 않으면 최대한 답변하려고 노력하는 모습을 보인 뒤, 모르는 부분은 솔직하게 '모르겠다', '앞으로 공부하겠다'라고 답하는 게 좋다. 일본 기업은 신입사원의 정직한 모습을 선호한다.

면접 후 감사 메일 쓰기

감사 메일面接お礼メール

감사 메일은 일본에서 비즈니스 매너의 기본 중 기본이다. 따라서 감사 메일을 보낸다는 건 일본 비즈니스의 기본적인 매너를 숙지하고 있으며 입사 의지가 높다는 점을 어필할 수 있는 방법이다. 특히 외국인 지원자가 감사 메일을 보냈을 때는 좀 더 좋은 인상을 심어줄 수 있다. 합격 가능성을 1%라도 높이기 위해 면접 후에는 꼭 감사 메일을 보내도록 하자.

감사 메일 쓰기

- 이메일 주소는 가장 마지막에 기입하는 게 좋다. 이메일 주소를 써놓고 본문을 쓰다가 실수로 중간에 미완성 메일을 보낼 수도 있으니, 미연에 방지하자.
- 제목은 반드시 기입해야 한다. 용건을 기입하고, 대학교명과 성명을 기입한다.
- 수신인명에는 회사명, 부서명, 성명을 모두 기입한다.
- 본문에는 간단한 자기소개로 언제 면접을 본 누구인지를 설명하고 면접에 대한 감사의 표시, 면접에서 느낀 점, 입사하고자 하는 이유 등 간단히 지망 이유를 어필한다.
- 서명도 반드시 넣는다. 성명, 대학, 학부, 연락처를 기입하자.

① 이메일 주소

② 제목: 금일(○월 ○일) 면접 감사합니다/○○대학교 김보경

③ 회사명/부서명/성명

④ 본문

　　－자기소개

　　－면접에 대한 감사 표시

　　－면접에서 느낀 점, 지망 이유 등

⑤ 서명

　　－성명, 대학, 학부, 학년, 연락처

합격자들이 들려주는 면접 후기

사례 1

- 업계: SCM
- 면접 절차: 1차면접 ⇒ 최종면접
- 주요 면접 질문
  - 자기소개
  - 지원 동기
  - 본인의 성격 및 주변 사람들의 평가
  - 학창 시절 가장 노력했던 일
  - 실패했던 경험
  - 회사를 선택하는 기준
  - 입사 후 포부
  - 리더를 맡은 경험과 위기 극복 과정
  - 이 직무에 지원한 이유 및 앞으로 어떻게 성장하고 싶은가

합격자들이 알려주는 면접 꿀팁!

성공적인 면접의 기본 조건은 '미소'와 '자신감 있는 어조'입니다. 쉬울 것 같지만 막상 면접에 들어가면 어려운 부분이기 때문에 거울을 보며 습관적으로 연습해두어야 합니다. 면접 매너는 인터넷에서 '面接マナー(면접 매너)'를 검색해 영상을 찾아보며 연습하는 걸 추천합니다. 또한 면접 기회가 주어진다면 꼭 원하는 기업이 아니더라도 다 참여하는 것이 좋습니다. 실전만큼 좋은 연습은 없기 때문입니다.

사례 2

- 업계: 기계공업
- 면접 절차: 1차면접 ⇒ 2차면접 ⇒ 최종면접
- 주요 면접 질문
  - 자기소개
  - 대학 전공 관련 질문
  - 지원 동기
  - 관련 프로젝트 경험
  - 입사 후 커리어플랜과 방향성
  - 엔트리시트 관련 내용

합격자들이 알려주는 면접 꿀팁!

제 경우 자기분석을 통해 인생에서 가장 중요한 사건 10개와 스스로의 특징 50가지를 정리해보았습니다. 철저한 자기분석을 토대로 서류전형과 면접에 임하는 것이 가장 중요합니다. 또한 역질문을 이용해 회사에 대한 관심과 그동안 얼마나 많은 준비를 해왔는지 어필하는 것도 좋은 방법입니다.

'면접은 7초 안에 70%가 결정된다'며 일종의 감점제 방식이라는 조언을 들은 적이 있습니다. 지원자들의 대답은 대동소이하기에 합격과 불합격을 가르는 것은 태도, 목소리, 자세이며 이것들은 첫인상 7초 안에 결정된다는 이야기였습니다. 자신이 면접관에게 어떻게 비칠지 많이 고민하시기 바랍니다.

사례 3

- 업계: 반도체
- 면접 절차: 1차면접 ⇒ 인적성검사 ⇒ 최종면접
- 주요 면접 질문
  - 자기소개
  - 구체적으로 하고 싶은 직무
  - 직무에 대한 기본 지식
  - 대학에서 중점적으로 공부한 것
  - 일본에서 일하는 것에 대해 어떻게 생각하는가
  - 인턴, 유학으로 얻은 점

합격자들이 알려주는 면접 꿀팁!

저는 면접에서 '이 사람과 일하고 싶다'는 호감을 주는 것, 그리고 뛰어나기보다 모나지 않은 것이 더 중요하다고 생각합니다. 저는 일본 기업들이 스펙이 좋은 인재가 아니라 꾸준히 일할 인재를 찾는다는 느낌을 받았습니다. 면접을 준비하면서도 이러한 관점에서 마이너스가 될 수 있는 요소들을 제거해나가며 연습했고 결국 좋은 결과를 얻을 수 있었습니다.

사례 4

- 업계: IT
- 면접 절차: 1차면접 ⇒ 2차면접 ⇒ 히어링시트(면접용 시트) ⇒ 최종면접
- 주요 면접 질문
  - 왜 IT 업계에서 일하고 싶은가
  - 일본에서 일하려는 이유
  - 부모님이 외국에서 일하는 것을 반대하지 않는가
  - 업종에 대한 이해도
  - 본인이 공부했던 IT 기술(히어링시트)
  - 장래에 어떤 엔지니어가 되고 싶은가(히어링시트)

합격자들이 알려주는 면접 꿀팁!

자신감이 가장 중요합니다. 하지만 "시켜만 주신다면 무엇이든 잘할 수 있습니다!"와 같은 자신감은 NG입니다. 여기서 말하는 자신감은 할 수 있겠느냐는 질문에 '망설이지 말아야 한다'는 것입니다. 고난과 역경을 헤쳐나갈 수 있다는 끈기를 보여주세요. 또한 면접에서 자신 있게 말할 수 있는 지원 동기를 찾기 바랍니다. 단순히 일본에서 일하고 싶어서 지원한 것이 아닌, 일하고 싶은 회사가 일본에 있어서 지원한다는 점을 어필하면 도움이 될 것 같습니다.

사례 5

- 업계: 무선통신
- 면접 절차: 1차면접 ⇒ 최종면접
- 주요 면접 질문
  - 일본어 테스트
  - 자기소개 및 PR
  - 일본에서 취업하려는 이유
  - 직무 이해도
  - 학창 시절 열심히 했던 일
  - 좋아하는 운동은 무엇인가
  - 왜 당신을 뽑아야 하며 당신의 기술이 어떻게 쓰일 것인가

합격자들이 알려주는 면접 꿀팁!

자신이 어떤 사람인지 알아야 진정성을 보여줄 수 있다고 생각합니다. 본인이 어떤 사람인지 깊은 곳까지 들여다보시길 바랍니다. 자격증에 연연하기보다 면접장에서 어떻게 어필할지 고민하는 게 좋을 것 같습니다. 또한 일본 취업을 만만하게 보지 마시고 매일 면접 연습과 일본어 공부, 자기소개서 준비를 꾸준히 하시기 바랍니다.

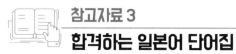

합격하는 일본어 단어집

한국어를 그대로 직역해서 쓰면 틀리기 쉬운 일본어 표현

한국어를 직역해서 표현해도 대략적인 의미 전달은 되겠지만 어색하고 부자연스럽게 느껴지기 때문에 의도와 다르게 잘못 전달될 수도 있다. 서류와 면접에서 자주 쓰는 표현들을 제대로 익혀 의미를 정확하게 전달하자.

	한국어	어색한 표현	일본 인사 담당자를 사로잡는 네이티브 표현
1	주인 의식을 가지고 일하다	主人意識を持ち、働く	責任感を強く持ち、働く
2	자기 자신을 믿다	自己自身を信じる	私自身(自分自身)を信じる
3	귀사에 지원했다	貴社に支援した	貴社に応募した
4	이념에 끌렸다	理念に惹かれた	理念に魅力を感じた
5	내성적인 성격	内省的な性格	内気な性格
6	학창 시절	学生時節	学生時代
7	대학교	大学校	大学
8	유연한 사고방식	柔軟な思考方式	柔軟な考え方
9	적합한 사람	適合な人	向いている人
10	협동심이 있다	協同心がある	協調性がある
11	도전 정신이 있다	挑戦精神がある	チャレンジ精神がある
12	항공사	航空社	航空会社
13	덕목을 갖추다	德目を備える	適性を備える
14	힐링하다	ヒーリングする	癒やす
15	창의력	創意力	クリエイティブ
16	친화력이 좋다	親和力がいい	社交性に富む

17	동아리 활동을 하다	グループ活動をする	サークル活動をする
18	기술을 배우다	技術を学ぶ	技術を身につける
19	현실에 안주하지 않고	現実に安住せず	現状に満足せずに
20	학점을 이수하다	学点を履修する	単位を履修する
21	동반 성장하다	同伴成長する	共に成長する
22	대학 축제	大学祭リ	大学祭(文化祭)
23	열정적인 사람	熱情的な人	情熱的な人
24	팔방미인이다	八方美人だ	多方面に才能がある
25	소명 의식을 가지다	召命意識を持つ	責任意識を持つ
26	성취감을 느꼈다	成就感を感じる	達成感を感じる
27	자신감이 있다	自信感がある	自信を持つ
28	차별화된 특성	差別化された特性	私の個性
29	인재로 거듭나다	人材として生まれ変わる	人材として成長する
30	솔선수범	率先垂範	率先して行動する 自ら行動する

3부 일본 취업, 철저한 준비만이 살길이다

6

일본 기업이 한국인을 채용하는 이유

인재 부족과 가속화되는 글로벌 시장 경쟁으로 일본 기업의 인재 확보 경쟁이 심화되고 있다. 물론 글로벌 분야가 아니더라도 2부에서 다뤘던 것처럼 생산연령인구 부족이라는 구조적인 현상 때문에 외국인 채용 수요가 매우 높아졌다.

일본 기업이 한국까지 와서 채용을 진행하는 목적은 크게 2가지로 볼 수 있다.

1. 글로벌 인재 채용
2. 일본인 대체 인력

따라서 일본 기업을 알아볼 때는 먼저 본인이 글로벌 인재로 활약하고 싶은지, 일본 국내 시장을 대상으로 하는 영역에서의 커리어를 꿈꾸는지를 명확히 해야 한다.

일본 기업이 생각하는 한국인 인재란?

일본 기업은 한국인 인재로 유창한 일본어와 영어 실력을 겸비해 일본은 물론 세계에서 활약하고자 하는 글로벌 마인드를 가지고 있는 사람을 생각하며, 한국과 일본의 문화가 비슷해 문화적 이해력과 적응력이 높다고 평가하고 있다.

그렇다면 일본 기업이 인재를 판단하는 기준은 무엇일까? 일본 취업 시장은 지원자의 잠재 역량을 중시하는 '포텐셜 채용'이다. 한국 대기업에 입사하려면 스펙과 자격증, 경험 등 직무와 관련된 능력과 경험이 매우 중요하지만 일본은 다르다. 일본은 잠재 역량을 지닌 신입사원을 뽑은 후 교육을 통해 성장시키는 시스템이기 때문이다. 따라서 학업, 아르바이트, 유학, 인턴 등의 다양한 경험들을 바탕으로 본인의 성장 스토리를 잘 정리해 서류와 면접을 준비해야 한다. 특히 면접에선 꼬리에 꼬리를 무는 심층 질문이 많기 때문에 자기분석에 충분한 시간을 투자해야 한다.

업계나 직무에 상관없이 가장 중요한 것

일본 기업은 스펙을 보지 않는다? 아니다. 단지 앞서 다룬 것처럼 각 스펙의 중요성과 평가 방식이 다를 뿐이다. 직무와 업계 관련 자격증, 그리고 경험을 갖추면 좀 더 설득력과 진정성이 있는 이력서와 면접을 만들 수 있다.

그럼 일본 취업에서 업계나 직무에 상관없이 가장 중요하게 보는 스펙은 무엇일까? 마이나비에서 2017년도 외국인 졸업자를 채용한 기업들을 대상으로 한 조사에 따르면 60% 이상의 기업이 비즈니스 레벨의 일본어 실력을 요구했다. 여기서 말하는 비즈니스 레벨의 일본어 실력이란 어려운 비즈니스용어를 안다거나 일본어 문법의 존경어, 겸양어, 정중어를 구별하며 유창하게 해야 한다는 말이 아니다. 물론 이렇게까지 할 수 있다면 더할 나위 없이 좋겠지만 기본적으로 대학 시절의 경험과 앞으로의 비전에 대해 면접 시 의사소통이 가능한 정도면 된다.

　　같은 조사에서 일본 기업들이 지원자를 볼 때 중요하게 보는 역량은 일본어 능력, 커뮤니케이션 능력, 적응 능력, 일본 문화의 이해, 행동력 순으로 나타났다. 문제는 이와 같은 능력들을 어떻게 증명하는가 하는 것이다. 그게 경험일 수도 있고 자격증이나 학점일 수도 있다. 단, 이때에도 그 결과만으로 점수가 매겨지지는 않는다. 실패한 경험이거나 갖고 있는 자격증의 급수가 낮은 것은 별로 중요하지 않다. 그 과정에서 자신이 얼마나 성장했는지를 보여줄 수 있는 스토리텔링이 중요하다.

7

일본 취업 성공의 지름길, 자기분석

일본 취업 후 커리어

왜 일본에 취업하려고 하는가?

일본 취업을 준비할 때는 취업 후 장래 커리어까지도 어느 정도 고려할 필요가 있다. 취업 후 일을 하다 보면 계속 일본에 있을 것인지 아닌지 선택의 기로에 서는 순간이 올 것이기 때문이다. 취업 준비 때도 해외 지사나 관련 복리후생 등에 따라 지망하는 기업이 달라질 수 있기 때문에 대략적인 그림을 미리 그려두어야 한다. 일본 취업의 장점을 활용해 적성이나 장래 희망에 맞는 커리어패스를 그려보자.

커리어패스 예시

일본 취업 후 장래 커리어	한국으로 이직	– 해외 취업(일본) 경력이 있어 신입보다 유리한 조건으로 이직 가능 – 한국 기업뿐만 아니라 한국 내 일본계 기업 등 가능성을 넓힐 수 있음
	취직한 회사에서 커리어 쌓기	– 천천히 커리어를 쌓을 수 있음 – 사내 경쟁이 한국에 비해 치열하지 않음 – 사내 제너럴리스트로 성장할 수 있음
	일본 국내 이직	– 일본 국내 이직 구인 비율 2.35사, IT, 통신 기업은 6.14사(2018년 9월 기준)
	제3국으로 이직	– 일본어만으로 제3국에 이직(예: 베트남) – 일본어 + 영어로 이직

자기분석이란?

자기분석은 이력서에 언급된 자신의 경험과 활동에 어떠한 목적과 동기가 있었는지, 그리고 그 행동을 위해서 어떤 계획과 목표를 세웠는지를 철저히 들여다보는 것이다. 또한 그런 경험과 활동으로 얻은 성과와 결과는 무엇이었으며 그로 인해 자신에게 나타난 변화가 무엇인지를 알 수 있다.

자기분석 3단계 규칙

STEP 1. 자신의 과거~현재~미래 분석하기

1부에서 거론한 유체이탈 생각법처럼 스스로를 객관적으로 펼쳐보는 시간을 가져야 한다. 초등학교부터 대학교(현재)까지 내가 경험한 모든 것을 있는 그대로 적어보자. 실패한 일도 상관없다. 차마 남에게 보여주기 싫은 부끄러운 일이 많을 수도 있으나, 결과에 상관없이 스스로에 대한 이해를 높이는 게 목적이라는 걸 잊지 말자.

모든 경험을 적었다면, 취업 준비를 하는 현재에서 1~3년 전까지의 경험들을 좀 더 구체화한다. 이 단계에서는 현재 자신의 모습을 만드는 데 영향을 끼친 사건, 사람, 책 등 구체적인 사례를 들어 구성할수록 좋다. 여기에는 자신의 가치관, 흥미, 능력, 그리고 어떠한 사회인으로 성장하고 싶은지, 어떤 삶을 살고 싶은지에 대한 자신만의 가치관이 반영되어야 한다. 이런 과정을 통해 파악한 자신의 장단점, 능력, 직업관, 가치관, 인생관, 비전 등을 지원 동기로 엮어 이력서에 담아야 한다.

다음의 도표를 참고하여 분석해보자.

나만의 인생 도표 예시

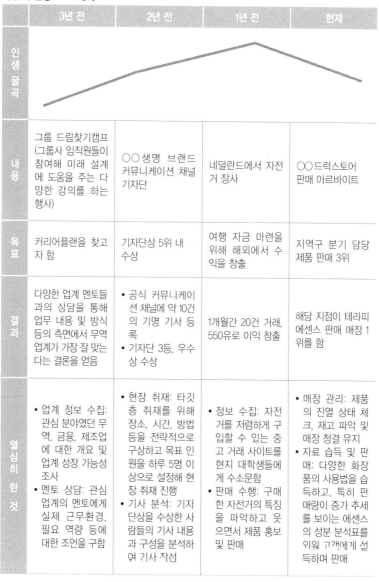

	3년 전	2년 전	1년 전	현재
인생 굴곡				
내용	그룹 드림찾기캠프 (그룹사 임직원들이 참여해 미래 설계에 도움을 주는 다양한 강의를 하는 행사)	○○생명 브랜드 커뮤니케이션 채널 기자단	네덜란드에서 자전거 장사	○○드럭스토어 판매 아르바이트
목표	커리어플랜을 찾고자 함	기자단상 5위 내 수상	여행 자금 마련을 위해 해외에서 수익을 창출	지역구 분기 담당 제품 판매 3위
결과	다양한 업계 멘토들과의 상담을 통해 업무 내용 및 방식 등의 측면에서 무역업계가 가장 잘 맞는다는 결론을 얻음	• 공식 커뮤니케이션 채널에 약 10건의 기명 기사 등록 • 기자단 3등, 우수상 수상	1개월간 20건 거래, 550유로로 이익 창출	해당 지점이 테라피 에센스 판매 매장 1위를 함
열심히 한 것	• 업계 정보 수집: 관심 분야였던 무역, 금융, 제조업에 대한 개요 및 업계 성장 가능성 조사 • 멘토 상담: 관심 업계의 멘토에게 실제 근무환경, 필요 역량 등에 대한 조언을 구함	• 현장 취재: 타깃층 취재를 위해 장소, 시간, 방법 등을 전략적으로 구상하고 목표 인원을 하루 5명 이상으로 설정해 현장 취재 진행 • 기사 분석: 기자단상을 수상한 사람들의 기사 내용과 구성을 분석하여 기사 작성	• 정보 수집: 자전거를 저렴하게 구입할 수 있는 중고 거래 사이트를 현지 대학생들에게 수소문함 • 판매 수행: 구매한 자전거의 특징을 파악하고 웃으면서 제품 홍보 및 판매	• 매장 관리: 제품의 진열 상태 체크, 재고 파악 및 매장 청결 유지 • 자료 습득 및 판매: 다양한 화장품의 사용법을 습득하고, 특히 판매량이 증가 추세를 보이는 에센스의 성분 분석표를 외워 고객에게 설득하며 판매

STEP 2. 자기분석 결과 정리하기

- 나는 어떤 가치가 있는 사람인가?
- 입사 후 회사에 어떻게 이익을 줄 수 있을까?
- 적극적이고 충실하게 학창 시절을 보냈는가?
- 학창 시절을 통해 얻은 것은 무엇인가?
- 지원하는 회사의 사업 내용을 충분히 연구했는가?

위의 질문들은 일본 기업들이 면접 때 단골로 묻는 질문이다. 이 질문들에 답변을 달아보자. 매끄럽게 답변할 수 있어야 나의 강점, 열정, 특정 회사에 지원하는 동기 등을 파악할 수 있다. 충분한 시간을 투자해 자기분석이 끝났다면, 일본 기업의 이력서와 면접에서 자주 나오는 '학창 시절에 가장 열심히 한 것은?'이라는 질문에 대해 과거-현재-미래를 그려보자.

현재의 나를 형성한 결과물을 축으로 과거를 돌아보고 미래를 그려보는 것이다. 나의 가치관, 인생관, 직업관을 형성하는 데 영향을 미친 다양한 경험(에피소드), 즉 과거를 돌아보면서 어떠한 목적의식으로 그러한 선택을 했는지를 파악한다. 그 선택들의 결과가 현재의 본인이고 그것을 기준으로 앞으로 어떤 인생, 어떤 커리어를 쌓아나갈 것인지에 대한 미래를 그려보며 입사 후 성장 가능성에 대한 연결 고리를 만드는 것이다.

커리어 디자인하기

한국 기업에 취업할 때도 마찬가지겠지만, 해외 취업을 고려할 경우에는 보다 충분한 자기분석을 거쳐 5년 뒤, 10년 뒤의 커리어까지 고려하며 철저히 준비해야 한다. 실제로 취업하고 나서 상황이 달라지는 건 어쩔 수 없지만, 충분한 시간을 고민하고 나서 고민의 결과를 현실로 검증하는 것과 충분히 고민하지 않은 상황에서 현지 생활을 맞닥뜨리는 것은 온도 차가 매우 크다.

일본 기업이 신입사원 연수에서 사용하는 'MCW 프레임워크'를 통해 기업의 니즈와 본인의 수요를 명확히 나눠보고 취업 후 나의 모습을 미리 그려보자. MCW 프레임워크를 그리면 지망 기업의 요구 사항과 자신의 부족한 부분을 알 수 있어 보다 전략적인 취업 준비가 가능하다.

일본 기업 취업을 준비 중이라면 지원하고자 하는 기업을 철저히 분

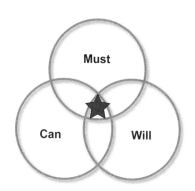

Must: 기대와 책임, 기업에서 요구되는 업무 내용
Can: 능력과 재능, 자신이 가진 기술과 경험
Will: 의향과 희망, 자신이 되고자 하거나 하고 싶은 것

석해 기업이 요구하는 역량Must을 쌓아야 할 뿐만 아니라 심층적인 자기분석으로 자신의 강점Can을 알며 이에 따라 뚜렷한 포부Will를 가지는 것이 필요하다.

일본 기업 연구 방법

지망 업계가 확실한 경우

업계 연구 ➡ 기업 연구

지망 기업이 확실한 경우

기업 연구 ➡ 업계 연구

　본인이 지원하고 싶은 업계나 기업이 정해져 있는지에 따라 기업과 업계 연구를 하면 된다. 앞서 다룬 자기분석을 충분히 했다면, 그다음으로 할 것은 기업 연구다. 이러한 분석의 과정과 결과를 상대방에게 잘 전달하는 것까지 이뤄져야 비로소 합격으로 이어질 수 있다. 특히 기업 연구를 확실히 한다면 지원 동기의 내용을 보다 설득력 있는 내용으로 만들 수 있다.

업계 상세 보기

제조업	서비스, 인프라	금융
식품, 농림, 수산, 건설, 주택, 인테리어, 섬유, 화학, 약품, 화장품, 철광, 금속, 광업, 기계, 플랜트, 전자, 전자기기, 자동차, 수송용 기기, 정밀기기, 의료 기기, 인쇄 및 사무기기 관련, 스포츠, 완구, 그 외 제조사	부동산, 철도, 항공, 운수, 물류, 전력, 가스, 에너지, 푸드서비스, 호텔, 여행, 의료, 복지, 엔터 테인먼트, 방송, 신문, 출판, 광고, 레저, 컨설팅, 조사, 인재서비스, 교육 등	은행, 증권, 신용카드 판매, 리스, 손해보험, 생명보험 등

유통, 소매	상사	정보, 통신
백화점, 슈퍼, 편의점	종합상사, 전문상사	소프트웨어, 인터넷 등

기업 연구

내가 알고 있는 일본 기업은 몇 개나 되며 어떤 기업들인가? 약 380만 개의 일본 기업 중 50개 이상의 기업을 아는 취업준비생은 많지 않을 것이다. 우리가 한국에 있으면서 일본 기업을 안다는 것은 쉬운 일이 아니다. 그러나 최종적으로 합격 통지를 받기 위해서는 '일본에 취업하고 싶어서'가 아니라, '그 기업이 아니면 안 되기 때문에'를 확실히 준비해야 한다. 심층적인 기업 연구는 지원자의 동기를 보다 확고히 전달할 수 있게 하므로 이는 내정과 직결되는 매우 중요한 부분이라고 할 수 있다.

기업을 고르는 기준

나의 모든 요구를 충족시키는 기업은 없다. 따라서 기업을 고를 때는 자신이 가지권을 고려해 어느 정도 우선순위를 정해두는 것이 중요하다. 기업을 선택하는 데 중요한 가치관을 아래 선택지에서 5개만 선택해보자. 그러고 나서 자신의 기준에 해당하는 기업을 찾는다면 보다 효율적인 기업 연구에 많은 도움이 될 것이다.

고용 안정성	사회 공헌도	기업의 장래성, 성장 가능성	젊은 사원에게도 기회가 주어지는가
급여, 상여	교육·연수	시간 외 근무 없음	천천히 배우며 승진할 수 있는가
인센티브제도	보람을 느끼는 일인가	희망 근무지에서 일할 수 있는가	업계 1위
복리후생	타인에게 뽐낼 수 있는 일인가	성과주의	브랜드 파워
회사 분위기	장기적으로 일할 수 있는 환경인가	스피드감	모집 직종
동료, 상사	흥미 있는 업계인가	성장할 수 있는가	업무 내용, 취급 상품

이 기업은 내게 맞는 기업일까?

① 기업의 역사와 현황을 파악하자

　　- 경영 이념, 경영 방침(홈페이지와 IR 정보 등 확인)

　　- 경영 실적(매출 추이, 주요 사업, 거래처, 영업이익)

　　- 근로조건(30~40세의 연봉, 휴일, 이직률)

　　- 기업이 가지고 있는 과제와 문제점

　　- 시장 규모 및 앞으로의 전망

② 기업의 미래를 확인해보자

   – 과거의 매출과 영업이익 등의 수치로 객관적인 실적 확인

   – 앞으로의 경영 계획, 비전

   – 경영진, 선배 사원, 인사부 분위기, 성향, 의욕 등

③ 본인의 미래라고 생각하고 조사

   – 본인이 앞으로 그 기업에서 일한다고 가정한 뒤 어려움에 처한
   상황을 상상해보고, 그러한 상황에서도 보람을 가지고 책무를
   다할 수 있는지를 생각해보자.

직무 연구

일본의 신입 채용 방식으로 많이 사용되는 종합직 일괄 채용으로 입

일본의 신입 채용 직종 구분

사할 경우에는 기본적으로 모든 직무에서 경험을 쌓게 된다. 직무는 한국 기업과 크게 다르지 않으니, 앞서 제시된 일본 기업의 신입 채용 직무 구분을 한번 살펴보자.

기업에 따라 다르긴 하지만 종합직 일괄 채용의 경우 3년마다 로테이션을 통해 다양한 업무를 경험함으로써 부서 간 커뮤니케이션을 원활하게 하고, 직원의 적성에 따라 장래 부서를 배치하거나 임원으로 성장하기를 기대한다. 물론 특정 분야의 스페셜리스트로 성장할 수 있는 가능성도 있다. 아래 커리어 예시를 참고하자.

> **Tip**
> 입사 시 희망 직무에 배정된다는 보장은 없다. 전형 과정 중 원하는 직무에 배정받지 못해도 괜찮은지에 대해서 물어오는 경우도 있으니, 시야를 넓혀 준비하는 게 좋다.

종합직 일괄 채용으로 입사 후 커리어 예시

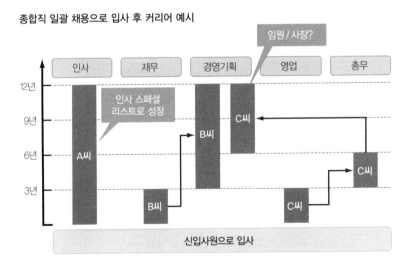

       3부 일본 취업, 철저한 준비만이 살길이다

참고자료 4
나만의 인생 도표 작성, 실전 연습!

	3년 전	2년 전	1년 전	현재
인생 굴곡				
내용				
목표				
결과				
열심히 한 것				

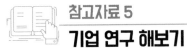

참고자료 5
기업 연구 해보기

어느 정도 관심 기업을 찾아봤다면, 아는 범위 내에서 아래 시트에 기입해보자. 이 양식을 활용해 관심 기업을 정리해두면 좋다.

기업명	
사업 내용	
고객	
업계에서의 포지션	
경쟁사	
기업의 강점	
비전	
관심 있는 일, 직종	
기업에 맞는 나만의 강점	
부족하거나 조사가 더 필요한 정보 (의문점, 질문 사항 등)	

참고자료 6
자기 PR 작성 예시

スカウト「自己PR文」作成ツール　　　　　　　　　ᐯᐯ.マイナビ

学生生活

質問 1　あなたが学生生活の中でもっとも力を入れたことを教えてください。またそれをどれくらいの期間続けてきましたか?

オランダでの旅行中、一ヶ月間自転車を売ったことが学生時代に一番記憶に残っている経験です。顧客の学生達に人気のある製品の特性を把握し、説得しながら約20台の自転車を売りました。 良い自転車をお客様に提供するよう、

質問 2　そのことに打ち込み始めたきっかけを教えてください。

旅行中、お金が足りなくなってしまい、そういう厳しい状況でもお金を稼げる私自身の能力を試してみたいということが大きなきっかけでした。

質問 3　困難や壁に直面した出来事を教えてください。

外国というよく分かっていない状況や環境の中で、自転車を購入及び販売するための情報が足りなく、難しさを感じました。また、最初に3台の自転車を売る時、マーケティングや販売方法においての経験がなかったのでなかなか売ることが出来ませんでした。

質問 4　その困難をどのように乗り越えましたか?

足りない情報を集めるため、旅行中に出会った大学生たちに聞き、〇〇中古サイトに売り物の自転車が一番多いと言われ、そこを通して購入しようとしました。まず、リスクを減らすために3台だけ購入し、学生達がよく集まる有名なレストランの前で販売を始めました。しかし、販売率が低く、あまり売れない日々が続きました。その理由は広報ツールが効果的でない点と販売に自信のない私でした。それで大きく、目立つチラシを作ったり、私自身が販売に自信を持てるよう、自転車の品質について勉強しました。そして笑顔でお客様に向き合い、自転車の長所や特徴を一つずつ説明しました。すると、どんどん人々に関心を持ってもらえ、販売率も上がりました。

質問 5　その経験は今のあなたにどう活きていますか?

厳しい状況にもかかわらず、目標を立て、前向きに行動し、状況による戦略修正を通して利益は出せると思いました。この経験から難しい状況でも成果を出す営業職に適していると自信を持つようになりました。

スカウト「自己PR文」作成ツール

学生生活

質問 1　あなたが学生生活の中でもっとも力を入れたことを教えてください。またそれをどれくらいの期間続けてきましたか?

네덜란드 여행 중 한 달 동안 자전거를 판매했던 경험이 학창 시절 제일 기억에 남는 경험입니다.
고객층인 학생들이 선호하는 제품의 특성을 파악하고 설득해나가며, 20여 대의 자전거를 판매할 수
있었습니다. 직접 발품을 들여 좋은 자전거를 고객에게 제공하려 노력했다는 사실에 뿌듯했습니다.

質問 2　そのことに打ち込み始めたきっかけを教えてください。

여행 중 경비가 부족해지는 상황이 발생했고, 어려운 환경에서도 돈을 만들어낼 수 있는지 제
자신의 능력을 실험해보고 싶은 것이 큰 계기였습니다.

質問 3　困難や壁に直面した出来事を教えてください。

외국의 익숙하지 않은 상황과 환경에서 자전거를 구매하고 판매하는 데 정보 부족으로 어려움을
느꼈습니다. 또한, 처음 3대의 자전거를 판매할 때는 마케팅과 판매 방법에 대한 경험이 부족해
제대로 판매하지 못했습니다.

質問 4　その困難をどのように乗り越えましたか?

정보가 부족했기에, 정보 수집을 위해 여행 중 만난 많은 대학생들에게 물어보았고, OO 중고사이트에 자전거
매물이 가장 많다는 정보를 듣고 이를 통해 구매하기로 결정하였습니다. 먼저는 리스크를 줄이기 위해 3대만
구매해 소량 판매를 계획했습니다. 학생들이 자주 가는 유명한 식당을 찾아 그 앞에서 판매를 해보기로 했습니다.
그러나 판매가 저조하거나 아예 팔지 못하는 날이 지속되었습니다. 이유를 분석해보니 홍보 수단이 좋지 않다는
점과 판매에 자신감이 없는 제 모습이 원인이란 결론을 얻었습니다. 그래서 큰 종이를 구해 홍보 용지를 예쁘게
꾸며 판매지 앞에 진열하고, 판매에 자신감을 가질 수 있도록 자전거의 사양을 열심히 공부했습니다. 행인이 관심을
가지면 먼저 웃는 얼굴로 다가가 판매할 자전거의 장점과 특색에 대해 하나씩 설명을 해주었습니다. 그러자 점점
사람들이 관심을 가졌고, 자전거 판매율이 늘게 되었습니다.

質問 5　その経験は今のあなたにどう活かされていますか?

어려운 상황에서도 목표를 가지고 적극적으로 행동하고 상황에 따른 전략 수정을 통해서 이윤
창출이 가능하다는 것을 깨달았습니다. 이러한 교훈을 통해 어려운 상황에서도 성과를 내는
영업직도 잘할 수 있다는 자신감을 얻었습니다.

자기 PR 작성, 실전 연습!

学生生活

質問 1 あなたが学生生活の中でもっとも力を入れたことを教えてください。またそれをどれくらいの期間続けてきましたか?

質問 2 そのことに打ち込み始めたきっかけを教えてください。

質問 3 困難や壁に直面した出来事を教えてください。

質問 4 その困難をどのように乗り越えましたか?

質問 5 その経験は今のあなたにどう活きていますか?

참고자료 7
일본에서 근무하는 사람들의
커리어 디자인 예시

사례1. 인사과 근무 후 제조업 기본 배우고자 생산관리과로

- 입사 연도: 2015년 ● 업종: 제과제조업 ● 직무: 종합직
- 담당 업무:

  1) 인사과: 신입사원 채용(채용 계획, 학교 설명회, 면접 등), 연수(신입
  사원, 내정자, 경력직 연수 등), 급여 관련, 노무관리, 사회보험

  2) 생산관리과: 일본 내 11개 공장 중 2개를 담당. 공장 실적 및 이
  익관리, 생산계획 수립, 라인관리 공장장과 현업 근무자 커뮤니케
  이션 등

- 향후 커리어: 업무 경험을 토대로 2가지 방향을 설정

  1) 생산관리자로서 담당 공장을 확대하고 보다 시야를 넓혀 회사
  의 첫 여성 공장장이 되는 것

  2) 인사 업무 중 채용과 급여 분야의 스페셜리스트

사례2. 컨설팅에 매력 느껴 경영 컨설팅사로, 향후 전문성을 토대로
신흥국 프로젝트 리딩이 목표

- 입사 연도: 2016년 ● 업종: 경영 컨설팅 ● 직무: 경영 컨설턴트
- 담당 업무: 입사 후 3개 프로젝트 진행. 앞선 2개의 프로젝트는 외
국계 기업의 글로벌 프로젝트. 외국 본사와 커뮤니케이션하며 데

이터 분석, 보고서, 회의 등. 현재 일본계 기업의 외국 회사 인수 후 PMI 프로젝트 진행 중

- 향후 커리어: 일본 기업의 동남아시아 진출/확대에 따른 현지 프로젝트가 많아, 관심 있는 전문 분야의 업무 경험을 쌓아 신흥국 등 새로운 시장에서 사업을 전개하는 기업이 성장할 수 있도록 이끄는 컨설턴트로 성장하고자 한다.

- 회사의 커리어 지원: 목표 설정과 피드백 시스템이 잘 갖춰져 있어 향후 커리어를 생각할 기회가 많다. 또한 직원의 희망에 따른 프로젝트 투입 등 개인의 커리어와 생각을 존중해준다.

사례3. IT 분야의 전문성 및 고객 네트워크를 쌓은 후, 해외영업/컨설팅으로 지역과 업무 확대

- 입사 연도: 2016년 　　• 업종: IT 　　• 직무: 영업
- 입사 이유: IT 업계 성장성과 발전 가능성에 관심이 있었지만 전공에 제한이 있는 한국과 다르게 일본은 육성을 통해 성장할 수 있는 환경이어서 매력을 느낌
- 담당 업무: SI영업(AP개발, 제품보수 담당)을 담당하며 일본 내 대기업의 IT 솔루션 AP 등에 대한 개선 방향을 조율
- 향후 커리어: 영업 현장에서 전문성과 고객 네트워크를 쌓은 후, 외자계 또는 해외로 업무 영역을 넓히고 싶다. 또한 보다 다양한 제품 솔루션을 경험할 수 있는 IT 컨설팅 직무도 생각하고 있다.
- 회사의 커리어 지원: 회사 내에서 성장하고 관련 직무를 익힐 수 있는 다양한 지원과 교육이 마련되어 있다.

사례4. 다양한 인사 경험과 데이터를 통해 보다 수준 높고 정확한 인사 전략 수립을 목표로

- 입사 연도: 2015년　　● 업종: 제조　　● 직무: 인사
- 담당 업무: 글로벌 논재패니즈 신입 채용. 2015~2016년 글로벌 모빌리티 제도 기획 운영 메인 담당(해외 주재원 120명 규모), 2017년~현재 글로벌 인사시스템 도입 프로젝트 멤버(2020년까지 글로벌 인사 데이터베이스 구축)
- 향후 커리어: 인사시스템 도입 업무를 바탕으로 다양한 빅데이터를 분석해 예측을 통한 인사 전략 수립 업무에 관심을 두고 회사 내에서의 커리어 형성을 생각한다.
- 회사의 커리어 지원: 일본 회사는 크로스펑션 로테이션을 통해 제너럴리스트를 육성하는 구조로 다양한 업무 경험을 쌓을 수 있는 반면, 전문성이 결여되는 한계도 있다고 생각한다. 다만 최근에는 하고자 하는 커리어패스가 있는 사람은 면담과 제도를 통해서 원하는 직무에 지원할 수 있다.

사례5. 채용 분야에서 경험한 전문성과 과제 의식을 통해 보다 좋은 조직을 만드는 인사 담당자로

- 입사 연도: 2014년　　● 업종: 제조　　● 직무: 인사
- 담당 업무: 2014년부터 인사부에서 글로벌 채용을 담당. 일본 국내 대학교 캠퍼스 리크루팅, 다양한 채용박람회에서 인재 채용까지 기획과 운영. 외국인 학생의 적응을 위한 트레이닝 제도 운영 담당자로 근무

- 향후 커리어: 인사 업무를 하며 '사람'의 중요성을 느끼고 있다. 글로벌 회사로 보다 다양성이 있는 회사의 인재 운영을 위해서 인재관리, 조직문화 등 다양한 인사 업무를 담당하고 수행하고자 한다. 또한 개인적으로는 한국인 학생들의 취업 멘토 역할을 통해 기회의 문을 넓혀주고 싶다.
- 회사의 커리어 지원: 소통이 잘되는 조직이라 기존 제도와 더불어 개개인과 상황에 맞는 교육 제도가 마련되어 있다.

사례6. 업무를 통해 하고 싶은 영역을 확정하고 전문 지식과 역량을 높이기 위한 계획과 액션

- 입사 연도: 2016년 • 업종: 경영컨설팅 • 직무: 경영컨설턴트
- 담당 업무: 입사 후 Pre M&A 부서에서 근무 중이며, 향후에도 동일 부서에서 관련 업무를 수행할 예정. 주요 업무는 1) 기업의 사업 전략을 기반으로 한 인수합병 전략 사정 2) Deal 진행 3) PMI 서포트 등이며 현재는 1) 관련 프로젝트를 다수 진행 중
- 향후 커리어: 컨설턴트 역량(구조화, 가설, 가시화 등)과 직무 지식을 현업에서 쌓고, MBA 진학 또는 영어권 국가에서 시야를 넓히며 전문성을 키우고 싶다.
- 회사의 커리어 지원: MBA 등 전문가로 성장할 수 있는 다양한 교육 제도가 글로벌하게 운영되고 있다.

사례7.   채용 분야에서 경험한 전문성과 과제 의식을 통해 보다 좋
        은 조직을 만드는 인사 담당자로

- 입사 연도: 2013년   ● 업종: 미공개   ● 직무: 무역/투자관리
- 담당 업무: 입사 후 1년간 일본어 연수. 2014년부터 국제무역, 해외투자
  처 관리 업무 담당. 투자한 자회사에 현장 영업직으로 파견 근무 중
- 향후 커리어: 회사에서 다양한 사업을 진행하는 만큼 전문 자격증
  이나 특정 사업에 집중하는 방향도 고려 중이며 이직을 한다면 지
  향하는 커리어를 그릴 수 있는 외자계를 생각 중이다.
- 회사의 커리어 지원: 제도상으로 다양한 기회가 있으나 현실적으
  로 적은 인원으로 다양한 사업을 하는 회사의 특성상 개인의 커리
  어보다 회사의 비전이 우선시되어 개인 의사가 반영되기는 어려운
  구조다.

4부

일본의
기업문화,
그리고 생활

1

최종 합격부터 일본 출발까지
내내정 / 내정 / 내정 승낙 / 내정 취소

내정 후 입사까지 스케줄 예시

항목	3월	4월	5월	6월	7월	8월	9월	10월	11월	12월	1월	2월	3월	4월
학사일정	1학기						2학기					졸업		
1. 내내정					내내정									
2. 내정/내정식								내정/내정식						
3. 내정 승낙(사퇴)					내정 승낙(사퇴)									
4. 내정자 연수 (과제, 인턴 등)										내정자 연수				
5. 입사, 비자 서류 송부										입사, 비자 서류 송부				
6. 재류자격, 비자 발급											재류자격, 비자 발급			
7. 도일												도일		
8. 입사														입사

내내정內々定과 내정內定의 차이

	전달 방식	내용	전달 서류
내내정	구두	최종 합격	없음
내정	서면	내정	– 내정 통지서 – 내정 승낙서 – 고용조건 통지서

내내정이란?

기업 등의 인재 채용에서 정식 내정 통지 발급에 앞서 구두 등으로 후일 정식 내정 통지를 하겠다는 것을 통지받은 상태나 상황을 나타내는 표현이다.

내정이란?

채용 기업이 구직자에게 내정 통지를 행하고, 구직자가 기업에 내정 승낙 의사를 표현하여 고용계약이 성립된 상태나 상황을 나타내는 표현이다.

내정일

2019년도 입사 신입사원의 내정식 일정을 2018년 10월 1일에 진행했다는 기업이 전체의 70%를 넘었다. 종업원 규모가 많으면 많을수록 10월 1일에 실시하는 비율이 높아지는 건 전년도와 동일하다. 종업원

규모가 100명 미만인 기업에서는 그 이상 규모의 기업보다 9월 이전에
개최되는 비율이 상대적으로 더 높았다.

내정 면담

내정(내내정)자 면담의 목적
- 입사 의사를 정확하게 확인하기 위해서
- 내정자가 느끼는 불안감이나 걱정을 해소하기 위해서

내정(내내정)자 면담의 내용
- 내정 승낙에서 확인할 사항
- 입사 관련 사무적 내용에 대한 확인

내정 면담 후에도 감사 메일을 보내자
내정 면담 후 감사 인사와 면담 소감 등을 담은 메일을 통해 입사 의지를
표명하고 회사와의 관계를 다지는 계기로 삼는다. [참고자료 5] 내정 면담 후.
감사 메일 예시를 참고하자.

내정 승낙

내정 승낙을 위해서는 커버레터添え状·送り状와 내정 승낙서를 제출
한다.

[참고자료 3] 내정 승낙서 예시와 [참고자료 4] 내정 승낙서 커버레터 예시 참고

내정 승낙 프로세스

① 내정 통지: 내정 서류, 내정 사실 확인

② 정보 수집: 입사 서류, 내정 면담, 기타 정보 확인

③ 의사 결정: 수집된 정보와 본인 의사를 비교하여 의사 결정

④ 의사 통보: 확정된 의사 결정 사항을 회사에 통보

내정 승낙서 송부

☞ 메일 송부

　　－ 커버레터와 내정 승낙서 작성 후 데이터화하여 서류 송부

　　－ 빠른 서류 송부와 내용 확인을 위해서 해외 채용의 경우 활용

☞ 우편 송부

　　－ 커버레터와 내정 승낙서 원본을 국제우편으로 송부

　　－ 정식 서류를 회사에 제출함으로써 고용계약 성립

　　－ 1부는 개인 보관, 1부는 회사에 제출

내정 취소와 내정 사퇴

기업 → 내정자: 내정 취소

기업 쪽에서 내정을 취소하는 경우가 있다. 다음 5가지는 기업에서 내정을 취소하는 대표적인 이유다. 일본 후생노동성의 「직업안정법 시행규칙」 개정안에 따라 기업이 내정을 취소할 경우에는 관할 기관에 정당한 이유와 함께 보고해야 하며 후생노동대사는 그 기업명을 공개

할 수 있도록 하고 있다. 내정을 취소할 경우 기업에서 받는 제약이 많기 때문에 특별한 경우가 아니면 번복하는 경우는 거의 없다.

기업에서 내정을 취소하는 대표적인 이유

① 대학교를 졸업하지 못한 경우

② 질병이나 부상 등 건강상의 이유

③ 범죄 전력

④ 재해로 회사 설비에 큰 타격을 입었거나, 경영상 부득이한 경우

⑤ 조건부 내정에서 조건을 충족시키지 못했을 경우

> **Tip**
>
> 일본 정부에서 운영하는 '신졸 응원 헬로워크新卒応援ハロワーク'는 내정이 취소된 지원자들이 새로운 곳으로 입사할 수 있도록 지원하고 있다.
> 신졸 응원 헬로워크
> · 도쿄: 03-5339-8609
> · 오사카: 06-7709-9455

내정자 → 기업: 내정 사퇴

내정을 승낙하기 전이라면 내정 통지 후 5일 이내, 늦어도 통지된 달 이내에는 사퇴 의사를 전달하는 것이 예의다. 더욱이 같은 업계의 다른 회사에 입사하게 될 경우 내정 사퇴한 회사 관계자들을 다시 만날 수도 있으니 주의가 필요하다.

내정 사퇴는 원칙적으로 입사 2주 전까지 가능하다. 그러나 일반적으로 내정 승낙서를 쓰기 전 단계인 내정식 전에 사퇴하는 경우가 많다. 만약 내정식까지 참석한 이후에 사퇴하는 경우라면 비자 발급 절차

에 비용이 발생한 뒤이므로 회사에서 이 비용을 청구하는 경우도 있으니 주의하자.

내정 사퇴 방법

기본적으로 전화 혹은 직접 방문하는 게 예의지만 전화를 받지 않거나 직접 방문이 어려운 경우에는 이메일로 최대한 정중하게 의사를 알려야 한다.

내정 취소와 내정 사퇴 비교

내정 취소(기업 → 내정자)	내정 사퇴(내정자 → 기업)
회사는 내정 이후 아래의 제한된 상황에 한하여 내정 취소를 할 수 있다. 1. 내정자가 취득 학점 부족 등으로 학교를 졸업하지 못한 경우 2. 내정자가 질병이나 사고 등 건강상의 이유로 일할 수 없는 상태가 된 경우 3. 내정자에게 전과가 있는 경우 4. 기업의 실적 악화 등 경영상 부득이한 경우 5. 조건부 내정에서 조건을 충족시키지 못한 경우	**내정 승낙 전** 내정 승낙 전에는 다양한 정보를 비교하며 자유롭게 내정 사퇴가 가능하다. **내정 승낙 후** 내정 승낙 후에는 고용계약이 성립되므로 법률에 따라서 2주간의 사전통지기간을 두고 내정 사퇴가 가능하다. **연수 등 회사의 지원이 있었던 경우** 내정 사퇴는 상기와 마찬가지로 가능하다. 그러나 회사가 입은 손해나 이미 지불한 금액에 대해서 내정 사퇴자에게 청구할 가능성이 있다. 예) 항공권, 호텔, 교육비 등

입사까지 준비해놓으면 좋은 것

한국에서 지원하는 경우, 내정 이후 입사까지 짧게는 2~3개월, 길게는 1년 이상도 걸리는 경우가 있기 때문에 그 기간 동안 다음의 사항을 준비해놓으면 좋다.

첫째, 회사에 대한 정보 수집이다. 엔트리시트나 이력서 작성 때와는 다르게 입사 후를 고려해 신규 서비스나 프로젝트 등 실질적으로 업무에 필요한 정보를 수집하는 것을 추천한다. 또한 입사할 회사에 대한 정보뿐 아니라 업계 정보에 대해서도 신문이나 경제지 등을 통해 확인해놓으면 입사 후 넓은 시야를 토대로 업무를 수행하는 데 도움이 될 것이다.

둘째, 생활 패턴을 조정할 필요가 있다. 대학에 다닐 때는 수강하는 과목의 수업시간이나 방학 등에 따라서 다소 유동적인 생활 패턴이 가능했지만 입사 후에는 타이트하고 규칙적인 생활을 해야 한다. 사소해 보이는 것일지 모르지만 규칙적인 생활 패턴을 통한 건강관리로 업무에 지장이 없도록 준비하는 것도 중요하다.

셋째, 관심 업무 관련 분야에 대한 공부를 하는 것이 도움이 된다. 일본 취업의 경우 직무가 정해지지 않은 채용이 많다. 따라서 사전에 공부를 하거나 자격증을 취득해두면 입사 후 연수 과정, 직무 배치 면담 등에서 원하는 직무에 배치될 가능성이 높아질 수 있다. 혹 바로 배치되지 않는다 하더라도 추후 업무 로테이션 시 직무 배치 또는 업무 성과를 내는 데 도움이 될 수 있다.

넷째, 오피스 프로그램을 익히고 활용할 수 있도록 준비하는 것이 필요하다. 대부분의 회사 업무는 엑셀, 파워포인트 등 다양한 오피스 프로그램을 활용해 진행하는 경우가 많으므로 미리 오피스 프로그램을 익혀놓으면 효율적으로 일할 수 있다. 빠른 업무 수행 후에는 보다 높은 단계의 업무에 대한 시도를 통해 성장할 수 있을 것이다.

마지막으로 복장, 가방, 명함 등 비즈니스상 필요한 물품에 대한 준비도 필요하다. 직무에 따라 사용 빈도가 낮은 물품도 있지만 사내외 모임 등에서 필요한 경우가 있으니 준비해두면 좋다. 도장은 최근 한국에서는 사용 빈도가 낮지만 일본에서는 다양한 상황에서 사용되기 때문에 사전에 준비해놓는다면 당황하지 않고 적시에 사용할 수 있을 것이다.

입사식 스케줄

	내용
시기	4월 1일(4월 첫 주 월요일 오전에 진행하는 경우가 많다)
프로세스	개회 선언 → 대표이사 인사말 → 사령장 교부 → 신입사원 인사 → 폐회식
주요 내용	**대표이사 인사말** - 회사의 역사와 비전, 신입사원에게 기대하는 바 등에 대해 전달 **사령장 교부** - 정식으로 사원으로 인정한다는 사령장을 교부한다. 1명씩 호명하여 교부하거나 입사자 대표에게 교부한다. **신입사원 인사** - 신입사원 대표가 감사 인사와 입사 후 포부 등에 대해 발표한다.
종료 후	**점심 식사 / 오리엔테이션** - 사장 또는 임원과 점심 식사 후 회사의 취업 규칙, 업무 방식, 사내문화 등에 대한 설명을 듣는다. **신입사원 연수** - 입사식이 종료된 이후 신입사원 연수가 진행된다.

Tip

이런 것도 준비해놓으면 좋다

	내용
정장	동복, 하복 등 2~3벌 이상은 준비하는 것이 좋다. 복장이 자유로운 회사라도 공식 행사와 고객 미팅 등에서는 필요하다.
와이셔츠, 블라우스	주 5일 기준으로 5벌 이상 준비하자. 초기에는 흰색이 무난하다.
넥타이(남성)	기본적인 넥타이를 5개 정도 준비한다. 남색이나 회색 등 무난한 색상
구두, 펌프스	편한 구두 2켤레 이상을 구비해 마모를 줄여 장기간 신도록 한다. 검정색 또는 밤색이 적당하며 여성의 경우 5센티 정도의 힐이 적당하다.
스타킹(여성)	비지니스에서 스타킹은 매너로 여겨진다. 복장에 맞는 색상을 선택하고, 무늬가 있는 것은 피하는 것이 좋다.
손목시계	시간 확인을 위해서 가급적 손목시계 착용을 추천한다.
명함지갑	명함은 명함지갑에 넣는 것이 매너다. 명함을 주고받는 기회가 늘어나니 미리 마련해두는 것이 좋다.
도장	입사 서류, 은행, 핸드폰 개통 등 다양한 곳에서 필요할 수 있으니 미리 준비하는 것을 추천한다.
가방	출퇴근 시 서류, 외부 이동 시 노트북 등을 넣을 수 있는 사이즈로 준비하자.
수첩, 필기구	다양한 상황에서 필요한 정보를 적고 보관할 수 있도록 미리 준비하자.

내정 사퇴 메일 예시

제목: 内定辞退のご連絡

○○株式会社　人事部○○課
採用担当　○○様

○○大学○○学部の○○○○です。

この度は採用内定をいただき、誠にありがとうございました。
　とても嬉しいお知らせをいただきながら心苦しくはあるのですが、誠に恐縮ですが内定につきまして、辞退をさせていただきたく、連絡を差し上げさせていただきました。

　就職活動を通して自分自身の事も見え、真剣に考慮した結果、別の会社との縁を感じましたので、大変申し訳御座いませんが内定を辞退させていただきたく存じます。

　貴重なお時間を割いて目をかけていただいたにも関わらず、このようなお返事となってしまった事、誠に申し訳なく思います。

　本来であれば、直接お会いしてお詫び申し上げなければならないところ、メールでのご連絡となってしまった事、何卒ご了承いただきたくお願い申し上げる次第です。

　就職活動を通して○○様をはじめ、様々な方に大変お世話になり、内定までいただけた事、心より感謝しております。

　末筆ながら、貴社の益々の発展を心よりお祈り申し上げます。

제목: 내정 사퇴 관련 연락

○○주식회사 인사부 ○○과
채용 담당 ○○○님

○○대학교 ○○학부의 ○○○입니다.

금번 채용에 내정해주셔서 정말 감사드립니다.
매우 기쁜 소식에 이런 말씀을 드리게 되어 정말로 송구합니다만, 금번 내정을 사퇴하고자 하여 연락드렸습니다.

취업 활동을 하면서 스스로를 돌아보고 진지하게 고려한 결과, 다른 회사와의 인연을 이어가고자 하여, 정말로 죄송합니다만 내정을 사퇴하고자 합니다.

귀중한 시간을 쪼개어 여러모로 신경 써주셨음에도 불구하고 이러한 답변을 드리게 되어 정말로 죄송합니다.

직접 만나 뵙고 말씀을 드려야 함이 마땅합니다만, 메일로 연락을 드리게 된 점 모쪼록 양해 부탁드립니다.

금번 취직 활동에서 ○○님은 물론, 많은 분들의 도움을 받아 내정을 받을 수 있었던 점 진심으로 감사드립니다.

마지막으로 귀사의 무궁한 발전을 진심으로 기원합니다.

참고자료 2

채용 내정 통지서 예시

年　　　月　　　日

_____ 殿

株式会社 ○○○○○○
代表取締役 ○○○○ （印）

採 用 内 定 通 知

① 拝啓　時下ますますご清栄のこととお慶び申し上げます。

② さて、過日は弊社の入社試験にご応募頂きありがとうございました。慎重な選考の結果、
○○様の採用を内定いたしましたので、ここにご通知申し上げます。
つきましては、下記の書類を同封いたしましたので、ご確認の上、署名・捺印し、期日までに同封
の返信用封筒にてご返送ください。

敬具

記

③ 1. 同封書類　　内定承諾書
　　　　　　　　返信用封筒

2. 書類提出期限　○○○○年○月○日（○）必着

④ お問い合わせ先：株式会社○○○○○○
人事課長　採用担当○○○○
Tel: ▲▲-▲▲▲▲-▲▲▲▲
E-mail: ▲▲▲▲@xxxxx.co.jp

① 인사말
② 채용 내정 내용, 기타 정보 전달
③ 동봉 서류 안내(내정 승낙서 등), 제출 서류 마감일 등
④ 인사 담당자 연락처

년   월   일

_____ 귀하

주식회사 ○○○○○○
대표이사 ○○○○   (인)

채 용 내 정 통 지

① 귀하의 무궁한 발전을 기원합니다.

② 금번 당사의 채용에 지원해 주셔서 감사드립니다. 신중히 전형을 진행한 결과,
○○님의 채용을 내정하여 이렇게 연락을 드립니다.
관련하여, 하기 서류를 동봉하였으므로 확인하신 뒤 서명, 날인하여 기일까지 동봉한
회신용 봉투에 넣어 송부 부탁드립니다.

③ 1. 동봉서류   내정승낙서
                회신용 봉투

   2. 서류제출기한   ○○○○년○월○일 (○) 필착

④ 문의처 : 주식회사○○○○○○
인사과장 채용담당○○○○
Tel: ▲▲-▲▲▲▲-▲▲▲▲
E-mail: ▲▲▲▲@xxxxx.co.jp

참고자료 3
내정 승낙서 예시

株式会社○○○○○○
代表取締役　○○○○　殿

内定承諾書

① この度、私は貴社に採用が内定されましたので、_____を卒業の上は、貴社へ就職することを承諾致します。従って他への就職あるいは貴社への入社取消などの行為を一切しないことをここにお約束します。但し、以下の何れかに該当する場合は、採用を取り消されても異議のないことを承諾致します。

―記―

② 1.　　年　　月に　　　　　を卒業できなかったとき
2. 採用試験の時に提出した書類に重大な偽りがあったとき
3. 病気、事故等により、就労に耐えないとき
4. 刑事事件で有罪の判決を受けたとき
5. その他.前各号に準ずる程度の不都合な行為のあったとき

以上

③ 　　　　年　　月　　日

内定者氏名　　　　　　　　　㊞

---

① 채용 내정에 대한 의사 및 내정 취소 조건에 대한 이해 확인
② 내정 취소 조건
③ 내정 승낙 시 날인란

주식회사 ○○○○○○
대표이사 ○○○○ 귀하

내정승낙서

① 저는 귀사에 내정을 받아＿＿＿＿＿를 졸업한 후, 귀사에 취직할 것을 승낙합니다. 이에 따라 다른 곳으로의 취직 혹은 귀사에의 입사 취소 등의 행위를 일절 하지 않을 것을 약속합니다. 단, 아래 사항에 해당할 경우, 내정이 취소될 수 있음에 이의가 없음을 승낙합니다.

② 1. 년 월에   을 졸업하지 못 한 경우
2. 전형시 제출한 서류에 허위 사항을 기재한 경우
3. 질병, 사고 등에 의해 근무를 할 수 없는 경우
4. 형사사건에서 유죄 판결을 받은 경우
5. 그 외, 위의 사항에 달하는 정도의 부정한 행위를 했을 경우

이상

③ ＿＿＿＿＿＿＿＿＿ 년   월   일

내정자 서명＿＿＿＿＿＿＿＿＿ 인

내정 승낙서 커버레터 예시

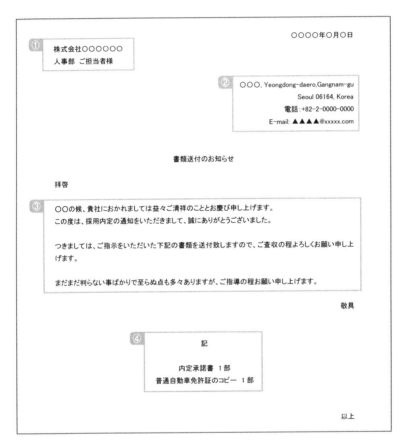

① 정식 명칭으로 회사명을 기입. 수신인에 부서명을 기입할 경우에는 '御中'을, 담당자 앞으로 송부할 경우 '様'를 붙여 기입

② 발송인 정보 기입 시 주소는 생략하지 않고 정확히 기입

③ 내정 통지에 대한 감사 인사 등

④ 동봉 서류의 내용과 부수를 기입

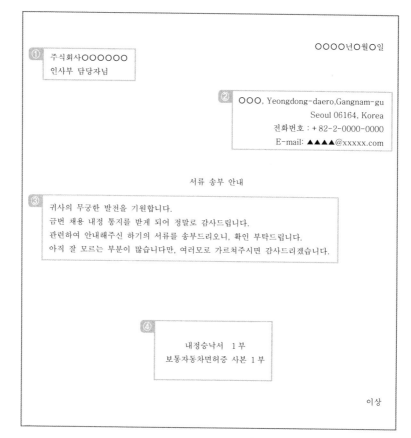

ＯＯＯＯ년Ｏ월Ｏ일

① 주식회사ＯＯＯＯＯＯ
인사부 담당자님

② ＯＯＯ, Yeongdong-daero,Gangnam-gu
Seoul 06164, Korea
전화번호 : + 82-2-0000-0000
E-mail: ▲▲▲▲@xxxxx.com

서류 송부 안내

③ 귀사의 무궁한 발전을 기원합니다.
금번 채용 내정 통지를 받게 되어 정말로 감사드립니다.
관련하여 안내해주신 하기의 서류를 송부드리오니, 확인 부탁드립니다.
아직 잘 모르는 부분이 많습니다만, 여러모로 가르쳐주시면 감사드리겠습니다.

④ 내정승낙서 1 부
보통자동차면허증 사본 1 부

이상

내정 면담 후, 감사 메일 예시

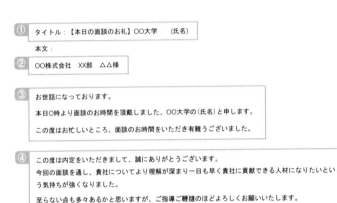

① タイトル：【本日の面談のお礼】〇〇大学　　（氏名）

本文 :

② 〇〇株式会社　XX部　△△様

③ お世話になっております。

本日〇時より面談のお時間を頂戴しました、〇〇大学の（氏名）と申します。

この度はお忙しいところ、面談のお時間をいただき有難うございました。

④ この度は内定をいただきまして、誠にありがとうございます。

今回の面談を通し、貴社についてより理解が深まり一日も早く貴社に貢献できる人材になりたいという気持ちが強くなりました。

至らない点も多々あるかと思いますが、ご指導ご鞭撻のほどよろしくお願いいたします。

⑤ まずはとり急ぎ、お礼申し上げます。

⑥ 〇〇大学　氏名

E-mail: kim.xxxxx@xxxx.com

Tel: +82-10-0000-0000

① 메일 제목: 면접 감사, 본인 정보
② 메일 수신자 정보: 회사명, 부서, 이름
③ 감사 인사
④ 메일 내용: 면담 소감, 향후 포부, 추가 질문 등
⑤ 맺음 인사
⑥ 본인 정보

① 제목: [금일 면담 감사 메일] OO대학교 (이름)

본문:

② OO주식회사 XX부 OO님

③ 안녕하세요.

금일 O시에 면담을 받은 OO대학교의 (이름) 이라고 합니다.

바쁘신 와중에도 불구하고, 면담 시간을 내주셔서 정말로 감사드립니다.

④ 금번 채용 내정을 주셔서 정말로 감사드립니다.

이번 면담을 통해, 귀사에 대해 더욱 깊이 이해할 수 있게 되었으며,

하루라도 빨리 귀사에 도움이 될 수 있는 인재가 되고 싶다고 생각하게 되었습니다.

아직 부족한 점도 많겠지만, 여러모로 지도 편달 부탁드립니다.

⑤ 우선 급한 대로 감사의 말씀을 올립니다.

⑥ OO대학교 이름

E-mail: kim.xxxx@xxxx.com

Tel: +82-10-0000-0000

2

일본 취업비자 받기, 비자 연장, 영주권 취득

해외에서 외국인으로 일하기 위해서는 해당 국가가 정한 취업과 근무에 필요한 자격 요건을 갖출 필요가 있다. 일본에서 일하는 경우도 마찬가지로 근무하고자 하는 업종과 직무 등에 적합한 재류자격의 취득을 통해서 근무할 수 있게 된다.

흔히 재류자격과 비자를 동일하게 생각하는 사람들이 있는데 비자는 입국 심사에 필요한 서류이며, 해당 비자와 재류자격 인정서 등을 토대로 적합한 재류자격을 부여하게 된다. 따라서 입국 후에는 비자가 아닌 재류자격이 재류와 근무의 근거가 된다고 생각하면 된다. 현재 재류자격에서 가장 많은 인원을 차지하는 것은 영주자와 특별영주자이며 세 번째가 유학, 네 번째가 기능실습, 다섯 번째가 기술·인문지식·국제업무다.

재류자격은 체류기간이 정해져 있기에 해당 기간이 만료되면 갱신 (연장)을 해야 한다(영주자 제외). 이를 흔히 '비자 연장'이라고 표현하는데 정확하게는 '재류자격의 연장'이다. 체류기간이 만료되기 전에 재류기간 갱신 허가 신청을 입국관리국에 제출하고 재류기간 갱신 허가 엽서 수령 후 여권과 엽서를 지참해 입국관리국에 방문하면 갱신할 수 있다. (참고 웹사이트: http://www.moj.go.jp/ONLINE/IMMIGRATION/16-3.html) 또한 직종 변경이나 결혼 등으로 재류자격 변경이 필요한 경우에는 재류자격 변경 허가를 신청해 적합한 재류자격으로 변경한다.

일본에 장기간 체류하게 되면 영주권 취득을 고려하는 분들이 있다. 영주권은 법률이 정한 여러 요건을 만족해야 발급이 가능하다. 원칙적으로는 10년 이상 취로就労 또는 거주자격을 갖고 5년 이상 재류해야 한다. 그러나 최근에는 특례 사항이 있어 10년 이상 취로 요건을 만족하지 않더라도 발급되는 경우가 있다. (참고 웹사이트: http://www.moj.go.jp/nyuukokukanri/kouhou/nyukan_nyukan50.html)

이처럼 일본에서 일하고 생활하기 위해서는 위와 같은 행정 절차가 필요하기 때문에 적합한 재류자격과 기간을 확인해야 한다. 또한 자격 요건을 갖춘 경우라면 영주권 등도 고려해보면 좋을 듯하다.

입국관리국이란?

법무성의 내부 부국의 하나로서, 출입국관리와 난민 인정과 같은 행정 업무를 담당하는 조직이다. 입국관리국 하부에는 도쿄 입국관리국, 오사카 입국관리국과 같은 지방국이 있나.

입사 & 도일 관련 절차

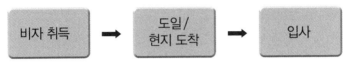

| 비자 취득 | ➡ | 도일 / 현지 도착 | ➡ | 입사 |

- 재류자격이란?
- 재류자격 취득 방법
- 재류자격 신청 서류
- 비자 신청

- 여권 및 비자 확인
- 항공권 / 이삿짐 관련
- 시청(구청) 전입신고
- 그 외

취업비자 신청

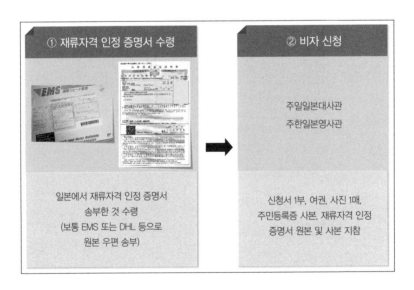

① 재류자격 인정 증명서 수령	② 비자 신청
일본에서 재류자격 인정 증명서 송부한 것 수령 (보통 EMS 또는 DHL 등으로 원본 우편 송부)	주일일본대사관 주한일본영사관 신청서 1부, 여권, 사진 1매, 주민등록증 사본, 재류자격 인정 증명서 원본 및 사본 지참

일본 취업에서 기본적으로 알아야 할 것

- 외국인은 원칙적으로 단순노동이 인정되지 않는다.
  ※ 일본인 배우자나 영주권 등 신분에 의한 재류자격으로 인정되는 경우는 제외
- 근무 개시 전에 취로를 인정받는 재류자격을 취득해야 한다.

재류자격이란?

외국인이 일본에서 합법적으로 체류하기 위한 법적 자격을 말한다.
3개월보다 장기의 재류자격이 인정되는 자에게는 재류카드가 교부된다.

재류자격 취득 방법

● 일본에 장기재류 중인 경우

재류자격 변경 허가 신청

재류자격 변경 허가 신청 시 주의 사항

- 신청하는 입국관리국은 신청인(학생)의 거주지를 관할하는 입국
  관리국이다.
- 입국관리국에서의 심사기간은 2주~2개월 정도 소요된다.
- 유학생의 신청은 보통 졸업 연도 전 12월 1일(입관의 관할에 따라
  서는 졸업 연도 1월 1일)부터 접수를 시작한다.
- 허가서 수령 시 졸업 증명서를 제시해야 한다.

● 해외에 거주 중인 경우

재류자격 인정 증명서 교부 신청

재류자격 인정 증명서 교부 신청 시 주의 사항

- 신청하는 입국관리국은 입사 기업의 소재지를 관할하는 지방 입국관리국이다.
- 입국관리국에서의 심사기간은 2주~2개월 정도다.
- 해외 대학의 졸업자인 경우 언제든 신청 가능하다.
- 인정 증명서를 취득한 것만으로 취로를 할 수 있는 것은 아니다.

    (이후 비자를 취득하고 일본에 도착한 후 취로가 가능하다.)

재류자격: 기술·인문지식·국제업무

- 해당하는 활동

본국의 공사 기관과의 계약에 의거해 이루어지는 이학, 공학, 그 밖의 자연과학 분야 혹은 법률학, 경제학, 사회학, 그 밖의 인문과학 분야에 속하는 기술 또는 지식을 필요로 하는 업무, 또는 외국 문화에 기반을 둔 사고 혹은 감수성을 필요로 하는 업무에 종사하는 활동

- 예시

시스템 엔지니어, 프로그래머, 기계 등의 설계자, 토목건축 설계자, 경영 전략, 경리, 금융, 회계 분야 등의 종합직, 번역·통역, 디자이너, 어학 교사 등

- 재류자격 허가 기간: 3개월, 1년, 3년, 5년

기술	인문지식	국제업무
대학 졸업 또는 일본 전문학교 수료 또는 10년 이상의 실무 경험		번역, 통역, 어학 지도, 홍보, 선전 혹은 해외 거래 업무, 의복 혹은 실내장식에 해당되는 디자인, 상품 개발 및 3년 이상의 실무 경험 (단, 대졸자의 번역, 통역, 어학 지도의 경우 불필요)
및		
일본인과 동등한 금액 이상의 보수		

- 기술·인문지식: 대학 졸업 또는 일본의 전문학교 수료 또는 10년 이상의 실무 경험 중 1개의 자격 사항을 갖추고 일본인과 동등한 금액 이상의 보수를 받을 것이 필요
- 국제업무: 번역, 통역, 어학의 지도, 홍보, 선전 또는 해외 거래 업무, 복장 또는 실내장식에 관한 디자인 상품개발 및 3년 이상의 실무 경험(단, 대졸자의 번역, 통역, 어학 지도의 경우는 불필요), 그리고 일본인과 동등한 금액 이상의 보수를 받을 것이 필요

업종별 재류자격 허가 여부 사례

1) 유통·소매업
허가 사례
① 무역·경영 과목을 전공한 학생이 슈퍼마켓 점포에서 3개월 연수 후, 해외 식자재 바이어로 해외 거래 업무에 종사
② 마케팅을 전공하고 일본어가 가능한 학생이 자신과 같은 국적의

고객이 많은 백화점과 양판점 등에서 통역·번역 전문 스태프로
종사

불가 사례

① 대졸 또는 전문대졸 학생이 슈퍼 등의 판매 스태프로 종사

→ 슈퍼에서의 판매 업무는 단순노동으로 판단되어 허가되지 않
았다.

② 대졸 또는 전문대졸 학생이 백화점이나 전문점의 판매 스태프로
종사

→ 업무 내용에 전문성이 없으며 아르바이트도 가능한 단순노동
으로 판단되어 허가되지 않았다.

2) 외식·레스토랑업

허가 사례

① 무역 실무를 전공한 학생이 식자재 수입 담당자로 종사

② 기업에서 해당 직원의 본국으로 해외 진출을 예정 중이거나(준비
작업 포함), 장래에 현지에서 운영·관리를 담당시키고자 현지와의
연락 조정 등 해외 거래 업무 종사를 기준으로 채용한 경우

③ 특정 국가의 고객 증가로, 해당 국가의 언어를 모국어로 사용하는
사람이 고객 통역 업무 또는 자사 웹사이트와 메뉴 등의 번역 업
무 담당으로 종사

불가 사례

① 대졸 또는 전문대졸 학생이 조리 스태프로 종사

　→ 조리 업무는 10년 이상 전문적인 조리 경력이 있는 사람이 기능의 재류자격을 취득한 경우가 아니면 취로할 수 없다.

② 대졸 또는 전문대졸 학생이 홀 스태프로 종사

　→ 업무 내용에 전문성이 없으며 아르바이트도 가능한 단순노동으로 판단되어 허가되지 않았다.

※ 기간 한정으로 해당 업무를 담당한 경우 허가 케이스가 있다.

3

일본의 연봉 구성과
세금, 4대보험, 생활비

    기업을 선택하고 입사할 때 다양한 사항을 고려하여 결정하겠지만 그중에서도 임금은 결정적 사항 중 하나일 것이다. 더욱이 일본 취업을 고려한다면 임금 부분은 국내 취업보다 훨씬 더 많이 신경 쓰이는 부분이 아닐까 싶다.

    임금 부분에서는 한국과 일본의 표기 방식과 구성 비율 등 다양한 면에서 차이가 있기 때문에 이를 정확하게 파악하지 못한다면 올바른 선택으로 연결되지 않을 가능성이 있다. 따라서 한국과 일본의 임금 표기 방식과 임금 구성에 대해 정확히 알아두는 것이 중요하다.

    우선, 한국과 일본의 임금 표기 방식에서 가장 큰 차이는 연봉과 월급의 차이다. 한국은 임금을 연봉으로 표기하는 경우가 많은 반면, 일본은 월급(기본급)으로 표기하는 경우가 대부분이다. 한국에서 연봉이 3,000

만 원이라면 보통은 이를 12개월로 나누어 250만 원을 월급으로 예상하곤 한다. 만약 연봉에 상여금 등이 포함되어 있다면 상여금을 제한 금액을 12개월로 나누어야 실질적으로 내가 받는 월급에 해당한다.

임금을 월급으로 표기하는 일본의 경우, 만약 임금이 20만 엔으로 제시되어 있다면 여기에 12를 곱한 240만 엔을 기본급 연봉으로 생각하고, 여기에 3~5개월 치의 상여금을 포함한 300~340만 엔 정도를 연봉으로 예상하면 될 것이다. 물론 상여금 수준은 기업에 따라 조금씩 다를 수 있으니 연봉의 구성 요소를 살펴 실질적으로 수령하는 임금 총액을 계산해보면 보다 정확한 임금(지급액)을 확인할 수 있다. 또한 월급, 상여금과는 별도로 수당 등이 발생할 수도 있으므로 교통수당, 잔업수당, 주택수당 등이 있는 경우라면 월례 임금(실제 월간 지급액)은 월급(기본급)보다 많을 수 있다.

한편, 임금은 지급액과 수령액으로 구분된다. 지급액은 회사에서 개인에게 지급한 금액이며 수령액은 세금, 4대보험 등을 제하고 나서 직원이 실제로 지급받는 금액이다. 한국과 일본은 세금과 4대보험 등에서도 차이가 있기 때문에 같은 지급액이더라도 실수령액에서는 차이가 날 수 있다.

일본의 세금은 소득세와 주민세로 구분된다. 소득세는 한국과 일본 둘 다 소득수준에 따라 정해진 과세표준 구간별로 세금 비율을 달리하고 있다. 소득구간에 따라 한국이 일본보다 세금이 많은 구간이 있는가 하면, 일본이 한국보다 많은 구간도 있다. 주민세는 매월 납부하는 소득할주민세와 1년에 1회 납부하는 균등할주민세로 구성되어 있다. 소득할주민세는 한국과 동일하게 소득세의 10%이며, 균등할주민세는 일률적으로 5,000엔을 납부한다. 기본적으로 세금은 원천징수로 납부된다.

한국과 일본의 급여체계 차이

	한국	일본
임금 표기	연봉	월급
임금 구성	**기본금/상여금/기타 수당**(식대, 유류비, 복리후생 등)	**각종 수당** 제수당(직무관련수당, 인센티브수당, 기타수당, 생활보조수당) / 시간외수당, 휴일수당, 야근수당 등
상여금	기업에 따라 다르나 보통 연 1회	기업에 따라 다르나 보통 연 2회
근로시간	주 40시간, 최대 52시간	주 40시간
최저임금	8,350원(2019년 기준)	지역별 상이. 도쿄 958엔(2018년 기준)
연차	1년간 80% 이상 출근한 근로자에게 15일의 유급휴가	채용 후 6개월간 출근하면 필수 10일 유급휴가 부여, 그 이후는 기업 재량
출산휴가	출산 전후 합해 90일	자녀 1명당 1년(자녀 2명이면 2년)

일본의 연봉 구성

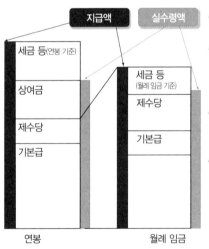

- 세금 등: 개인소득세 및 사회보장제도 관련 개인 부담금으로 원천징수된다.
- 상여금: 회사 성과와 근로자의 근무 성과에 따라 지급. 보통 취업 규칙에 따라 하기상여금과 동기상여금으로 연 2회 지급된다.
- 제수당: 잔업수당, 교통비, 주택수당, 인센티브 등이 해당되며 회사에 따라 상이하다.
- 기본급: 월 근무에 대한 급여로, 보통 연 1회 평가에 따른 승급을 통해 결정된다. 기본급은 상여금과 다양한 임금 구성의 기본이 된다.

최저 임금, 퇴직금 비교

	한국	일본
최저 임금	8,350원	737~958엔(지역별 상이)
퇴직금	「근로자퇴직급여 보장법」을 통해 법적으로 규정함에 따라 회사는 확정급여형/확정기여형 퇴직연금제도를 설정해야 한다. 단, 설정하지 않아도 처벌 규정은 없으며 의무화 확대 중이다.	법적으로 규정한 퇴직금제도는 없다. 단, 취업 규칙에 규정한 경우 임금의 일부로 판단해 근로자의 청구가 있는 경우 지급할 의무가 있다.

일본의 세금

	한국	일본
소득세	소득수준에 따라 세율이 다르며 이는 과세표준으로 정해져 해당 세율에 따라 과세된다.	
주민세	■ 지방소득세 　대상: 근로자 　시기: 매월 　금액: 소득세의 10% ■ 개인균등분 　대상: 세대주(학생 제외) 　시기: 매년 8월 　금액: 최대 1만 원 　* 지역에 따라 차등(서울은 4,800원) 　* 실제 납부 시에는 지방교육세 추가 　　(10~25%)	■ 소득할주민세 　대상: 근로자 　시기: 매월 　금액: 소득세의 10% ■ 균등할주민세 　대상: 주소 소유자 　시기: 매해 1월 　금액: 일률 5,000엔
납부 방법	회사에서 원천징수 * 외국인 거주자: 일본 내 주소지가 있거나 1년 이상 거주자 확정 신고를 통해 납부 ** 외국인 비거주자: 원칙적으로는 소득의 20%를 원천징수	

4대보험

	한국	일본
4대보험	국민연금	후생연금보험
	건강보험	건강보험
	고용보험	고용보험
	산재보험	노재보험

일본도 한국과 동일하게 4대보험을 운영하고 있다. 후생연금보험, 건강보험, 고용보험, 노재보험이 그것이며 각각 한국의 국민연금, 건강보험, 고용보험, 산재보험에 해당한다고 생각하면 된다.

후생연금보험은 소득비례형 공적연금이며, 일본 정부가 운영하는 연금보험이다. 일본은 한국보다 보험료율이 높기 때문에 한국보다 많은 금액을 납부하게 된다. 지급 부담은 한국과 마찬가지로 회사와 개인이 50%씩 납부하며, 수령 시기도 65세로 동일하다. 다만, 평균 수령액은 2017년 기준 일본이 한국의 3~4배 수준으로 더 많다. 한국과 일본은 연금 수령에서 연동되어 있지 않기 때문에 일본에서 납부한 연금을 수령하기 위해서는 10년 이상 납부하고 귀국 시 수령 처리하거나 10년 미만 납부한 경우라면 탈퇴일시금으로 수령할 수 있다.

건강보험은 고용자의 복리후생을 목적으로 사회보험 방식으로 운영되는 의료보험 중 건강보험법에 근거하여 운영된다. 건강보험의 경우도 일본이 한국보다 다소 높은 수준의 보험료율로 설정되어 있다. 한국은 지역과 무관하게 보험료율이 같은 반면 일본은 지역에 따라서 차이가 있을 수 있다. 건강보험도 회사와 개인이 50%씩 납부한다. 한국은 건강보험료에 추가적으로 장기요양보험료를 납부한다는 것이 일본과의 차이라고 볼 수 있다.

고용보험은 실업, 고용 지속 등에 관한 보험 제도로 보험자는 일본 정부다. 한국의 고용보험료율은 월급의 1.3%로, 회사와 개인이 반씩 부담하는 반면, 일본은 월급의 0.9%로 회사가 0.6%, 개인이 0.3%씩 부담한다. 흔히 알려진 실업급여뿐 아니라 개호(간병)휴직, 육아휴직 등에 있어서도 고용보험에서 일정 부분 보험금을 지급한다.

노재보험은 업무 재해 및 통근 재해를 입은 근로자 또는 유족에게 급부를 행하는 공적보험 제도다. 다른 보험과 다르게 회사가 전액을 납부하는 보험이며, 업종에 따라 보험료율에 차등이 있다.

국민연금 / 후생연금보험

	한국(국민연금)	일본(후생연금보험)
개요	• 보험료율: 국민연금 기준 월 소득액×9% • 지급 부담: 회사 50%, 근로자 50% • 개인 부담률: 4.5% * 2018년 7월 변경	• 보험료율: 표준 보수×18.3% • 지급 부담: 회사 50%, 근로자 50% • 개인 부담률: 9.15%
수령 시기	65세부터 수령 가능(1969년생부터)	65세부터 수령 가능
수령액	평균 377,895원	평균 145,638엔
기타	• 한일 국민연금 연계 관련 – 연금 수령이 연동되지는 않는다. – 한국과 일본에서 동시에 일을 하는 경우에는 이중 납부하지 않고 한 나라에서만 납부하도록 연계 가능하다. – 일본은 10년 이상 납부해야 연금 수령이 가능하며 10년 이상 납부하고 귀국하는 경우 귀국 시 수령 처리할 수 있다. – 납부 기간이 10년 미만이라면 탈퇴일시금을 신청해(귀국 후 2년 이내/연금 6개월 이상 납부자 신청 가능) 납부 금액의 일부를 돌려받을 수 있다.	

고용보험

	한국	일본
고용 보험	• 보험료율: 보수월액×1.3% • 지급 부담: 회사 50%, 근로자 50% • 개인 부담: 0.65%	• 보험료율: 급여×0.9% • 지급 부담: 회사 0.6%, 근로자 0.3% • 개인 부담: 0.3%

산재보험 / 노재보험

한국(산재보험)	일본(노재보험)
• 보험료율: 업종에 따라 차등 • 지급 부담: 회사 100%	• 보험료율: 업종에 따라 차등 • 시급 부담: 회사 100%

건강보험

	한국	일본
건강보험	• 보험료율: 월 소득액×6.24% • 지급 부담: 회사 50%, 근로자 50% 　개인 부담률: 3.12% • 장기요양보험 　보험료율: 건강보험료×7.38% 　지급 부담: 회사, 개인 각각 7.38%로 동일	• 보험료율: 표준 보수×9.9% 또는 ×11.47% 　* 지자체별 상이(하기 도쿄 기준) • 지급 부담: 회사 50%, 근로자 50% • 개인부담: 4.95%
	• 비급여 　건강보험이 적용되지 않는 항목에 대해 의료 기관이 고지하는 비용의 전액을 환자가 부담하는 것을 말함 • 비급여 대상 　– 치료적 비급여 　– 제도 비급여 　– 선택 비급여	• 건강보험 대상 외 　일상생활에 지장이 없는 진료. 임신 등도 질병으로 치부되지 않기 때문에 정상적인 경우 건강보험 대상이 되지 않음 • 건강보험 대상 외 상세 　– 미용 목적 성형수술 　– 근시 수술 　– 연구 중인 선진 의료 　– 예방주사 　– 건강검진 　– 정상적인 임신, 출산 등

Tip

일본에서 납부한 연금 돌려받는 법, 탈퇴일시금

6개월 이상 연금에 가입했다가 퇴사 후 한국으로 귀국하는 경우(단기 체류 외국인), 그동안 납부한 후생연금보험료에 대한 탈퇴일시금을 신청해 돌려받을 수 있다.

　□ 신청 기일: 일본의 거주 주소가 없어진 날로부터 2년 이내
　□ 제출처: 전국 연금사무소 또는 일본연금기금
　□ 제출 서류: 탈퇴일시금 재정청구서 및 첨부자료

[참고] 탈퇴일시금 관련 사이트

https://www.nenkin.go.jp/service/jukyu/sonota-kyufu/dattai-ichiji/20150406.html

외국인이 알아야 할 세금

일본 법무성이 발표한 영주 허가에 관한 가이드라인에 따르면 일본 영주권을 취득하기 위해서는 납세 등의 공적 의무를 이행해야 한다. 따라서 취업비자 이후 영주권 취득까지 목표로 하고 있는 사람이라면 주민세, 연금, 건강보험료 등 일본의 납세 의무를 잘 파악하고 있어야 한다.

다양한 종류의 공적 의무가 있으나, 앞서의 내용에서는 한국인이 일본에서 생활하면서 기본적으로 알아두면 손해 보지 않는 대표적인 정보에 대해서만 기술했다. 보다 자세한 내용을 알고 싶다면 각 항목의 해당 홈페이지를 참고하기 바란다.

일본에 재류하는 외국인이 수익을 얻는 대표적인 상황

√ 일본에서 일하면서 급여를 받는 경우(일본 소득)
√ 해외에서 급여가 지급되는 경우(해외 소득)
√ 해외에서 일본으로 송금을 받는 경우(일본에 송금)

일본에 재류하는 외국인의 경우 소득세는 일본에 주소지를 가지고 있는지 여부, 일본 거주 햇수 등에 따라 정해진다.

일본의 소득공제 제도

일본에는 다양한 소득·세액공제 종류가 있지만 크게 '소득공제'와

'세액공제' 2종류로 나뉜다.

소득공제는 한국과 마찬가지로 급여 소득공제와 같이 급여 총액에 따라 소득공제액이 결정되며 세액공제는 소득공제를 빼고 난 후의 금액(과세소득금액)에 이율을 곱하여 계산한 세액에 직접 공제가 적용된다. 그 때문에 계산된 소득세액의 한도로서, 공제 금액이 모두 세액에서 빠져나가게 된다.

일본의 소득공제 제도	
소득공제	雜損控除、医療費控除、社会保険料控除、小規模企業共済等掛金控除、生命保険料控除、地震保険料控除、寄附金控除、障害者控除、寡婦(寡夫)控除、勤労学生控除、配偶者控除、配偶者特別控除、扶養控除、基礎控除 잡손 공제, 의료비 공제, 사회보험료 공제, 소규모 기업 공제 등 부금 공제, 생명보험료 공제, 지진보험료 공제, 기부금 공제, 장애인 공제, 과부 공제, 근무학생 공제, 배우자 공제, 배우자 특별공제, 부양 공제, 기초 공제
세액공제	配当控除、外国税額控除、政党等寄附金特別控除、認定NPO法人等寄附金特別控除、公益社団法人等寄附金特別控除、(特定増改築等)住宅借入金等特別控除、住宅耐震改修特別控除、住宅特定改修特別税額控除、認定住宅新築等特別税額控除、試験研究を行った場合の所得税額の特別控除など 배당 공제, 외국세액 공제, 정당 등 기부금 특별공제, 인정 NPO 법인 등 기부금 특별공제, 공익사단법인 등 기부금 특별공제 , (특정 증축 등) 주택 차입금 등 특별공제, 주택 내진 보수 특별공제, 주택 특정 보수 특별 세액공제, 인정 주택 신축 등 특별 세액공제, 시험 연구 시행 시 소득세액의 특별공제 등

외국인의 소득 공제

일본에서 거주하고 있는 외국인은 상기 공제 요건에 해당할 경우 기본적으로 일본인과 동등하게 모든 공제를 받을 수 있다. 일본에 재류하

는 외국인이 반드시 알아야 하는 것에는 '부양 공제'와 '외국 세액공제'
가 있다.

외국인의 부양 공제

해당 조건을 만족하는 부양가족이 있는 경우, 소득공제를 받을 수 있
다. 거주자가 외국인일 경우에도 인정된다(비거주자는 불가).

○ 부양가족이 16세 이상(당해 12월 31일 시점)

○ 6촌등내의 혈족 및 3촌등내의 인척(배우자는 배우자 공제)

○ 납세자와 생계를 같이할 경우

○ 연간 합계 소득이 38만 엔 이하일 경우(급여만일 경우에는 103만 엔
이하)

Tip

부양가족 연령에 따른 소득공제액

16세 이상: 38만 엔
19세 이상~23세 미만: 63만 엔
70세 이상 동거 부양가족: 58만 엔
70세 이상 비동거 부양가족: 48만 엔

※ 해외에 있는 부양가족도 부양 공제를 받을 수 있다. 그러나 과거 외국
인이 부양 공제를 남용하는 사례가 많았던 탓에 최근에는 해외 거주 부
양가족에 대한 신고가 엄격해졌다. 이에 따라 부양 공제 신청 시 명확
한 가족 관계 서류 및 송금 관련 서류를 제출해야 한다. 자세한 정보는
일본 국세청 홈페이지에서 '국외 거주 친족에 관한 부양 공제 등의 적
용에 대해' 항목을 확인하도록 하자.
[참고] 일본 국세청 홈페이지
https://www.nta.go.jp/taxes/tetsuzuki/shinsei/annai/genocn/kokuyal/index.htm

일본의 개인소득세

개인소득세에는 소득세와 주민세 2종류가 있다. 주민세에는 도부현민세道府県民税와 시정촌민세市町村民税가 있으며 전년도 1월 1일부터 12월 말까지의 소득을 기준으로 10%의 세율이 적용된다. 균등할주민세는 소득에 관계없이 도부현민세 1,500엔, 시정촌민세 3,500엔으로 연간 일률적으로 5,000엔 정도다. 매월 회사가 급여에서 원천징수하여 납부한다.

※ 2014~2023년까지 지방자치단체의 방재 대책에 충당하기 위해 도부현민세와 시정촌민세의 균등할액에 각각 500엔씩 가산되어, 합계 1000엔이 가산됐다.

취업비자 취득 후, 영주권 받기

일본 거주 외국인이 재류자격 갱신 없이 오랫동안 일본에서 거주하고자 하는 경우 영주권을 취득하는 것이 좋다. 영주권을 취득한다는 것은 영주 허가 신청이 인정되는 것으로 현재 소유하고 있는 비자(재류자격)를 영주권자로 변경하는 것이다.

영주권의 장점은 재류기간, 재류활동에 제한이 없어지며 사회적인 신용을 얻게 되므로 대출 등의 금융거래도 수월해진다는 것이다. 또한 추방 사유에 해당하는 경우에도 영주권자에 대해서는 특별히 재류가 허가되는 경우가 있어 유리하게 작용하기도 한다.

영주 허가를 위해서는 법률상 다음의 요건을 충족해야 한다.

(1) 평소 품행이 방정할 것

(2) 독립적인 생계를 영위하기에 충분한 자산 또는 기술을 가지고 있을 것

(3) 해당인의 영주가 일본의 이익과 합치한다고 인정될 것
- 원칙적으로 10년 이상 계속하여 일본에 체류하고 있을 것. 다만, 이 기간 중에 취로자격 또는 거주자격을 가지고 5년 이상 계속하여 체류했어야 함
- 벌금형이나 징역형 등을 받지 않았을 것. 납세 등 공적 의무를 이행하고 있을 것

'10년 이상 체류'에 관한 요건은 외교, 사회, 경제, 문화 등의 분야에서 일본에 기여한 바가 있다고 인정되는 자의 경우 5년 이상 체류로도 충족된다. '일본에 기여했다'고 인정되는 사항 중 일본 취업 외국인과 관련이 있는 내용은 다음과 같다.
- 일본의 상장 기업 또는 이와 같은 정도의 규모를 가진 일본 국내 기업의 경영에 약 3년 이상 종사하고 있는 자, 또는 과거 이들 기업의 경영에 약 3년 이상 종사한 적이 있는 자로, 그동안의 활동을 통해 일본의 경제 또는 산업 발전에 기여한 자
- 일본의 상장 기업 또는 이와 같은 정도의 규모를 가진 일본 국내 기업의 관리직 또는 이에 준하는 직무에 약 5년 이상 종사하고 있는 자로, 그동안의 활동을 통해 일본의 경제 또는 산업 발전에 기여한 자

4

신입사원 필수
일본 비즈니스 스킬 / 매너 / 일본어

사회생활을 하는 사람은 상황과 역할을 고려하며 언어를 선택하고 행동하게 된다. 특히 비즈니스 상황에서는 목적과 관계가 명확하기 때문에 적절한 비즈니스 언어, 스킬, 매너 등이 필요하다. 이러한 비즈니스 언어, 스킬, 매너 등이 잘 갖춰지지 않은 경우 상대방에게 실례가 되어 의도치 않게 안 좋은 인상을 줄 수도 있다. 이러한 행동이 장기간 이어지면 신뢰와 관계의 문제로까지 확대되어 업무 성과를 내는 데 방해 요인이 되기도 한다.

특히 외국에서 비즈니스를 하는 경우에는 해당 국가 특유의 정서나 관습 등을 이해하고 체득해 비즈니스 관계에서 실수가 없도록 하는 게 중요하다. 이 장에서는 일본의 비즈니스 상황에서 많이 사용되는 스킬, 언어, 매너 등에 대한 내용을 정리했으니 꼭 확인해보도록 하자.

신입사원의 필수 덕목, 비즈니스 커뮤니케이션 편

호렌소ほう·れん·そう

호ほう

호렌소의 '호報'는 '보고報告'의 앞 글자를 딴 것으로, 상사의 지시 사항에 대한 경과와 결과 등을 보고하는 것을 뜻한다.

▲ **보고 자세**
- 지시한 당사자에게 보고
- 결론부터 말하기: 결과 → 이유 → 경과(상대에 따라 변경 가능)
- 5W3H: when, where, who, what, why, how, how much, how many
- 메모 준비: 상사의 피드백 기록

▲ **보고의 적절한 타이밍**
- 지시받은 일이 끝났을 때
- 장기 진행 업무일 경우 진행 상황 중간에 보고: 포인트를 명확하게
- 업무 방식 변경이나 수정이 필요할 때
- 실수나 문제가 있을 때
- 새로운 정보 등을 제공하는 경우

▲ **이런 보고는 곤란하다**
- 서론, 경과 설명이 길어 결론을 파악하기 어려운 보고
- 상사가 묻고 나서야 하는 보고
- 상사의 일정, 상황을 고려하지 않는 보고
- 자신의 추측을 객관적 사실처럼 말하는 보고

▲ **바람직한 보고**
- 결론부터 분명히 밝힌다.
- 상사가 언급하기 전에 보고한다.
- 상사의 형편을 살피고 보고한다.
- 객관적으로 있는 그대로의 사실을 전한다.

렌れん

호렌소의 '렌連'은 '연락連絡'의 앞 글자를 딴 것으로, 감정과 생각, 정보 등을 상대방에게 전달하고 알리는 것을 뜻한다.

소そう

호렌소의 '소相'는 '상담相談'의 앞 글자를 딴 것으로, 문제의 해결을 위해서 토론하고 다른 사람의 의견을 듣는 등의 행동을 뜻한다.

전화 응대

신입사원이 입사 당일부터 가장 자신 있게 할 수 있는 업무는 전화 응대라고 해도 과언이 아닐 것이다. 기본적인 전화 매너를 숙지하도록 하자.

상대방이 사내일 경우

A　お疲れ様です。○○○（部署名）Aです。
B　XXXのBです。（お疲れ様です。）Cさん（役職）はいらっしゃいますか。

A　はい、少々お待ち下さい。 C　お疲れ様です。○○○のCです。 B　お疲れ様です。XXXのBです。 　　早速ですが、～の件でご連絡い 　　たしました。 （…） 　　どうぞよろしくお願いたします。 　　失礼いたします。 C　はい、失礼いたします。	A　Cさんは只今席を外しておりますが、 　　いかがいたしましょうか。 B　はい、○○○のBから電話があった旨をお伝え 　　いただけますでしょか。 A　かしこまりました。部署名とお名前をもう一度 　　頂戴できますでしょうか。 B　はい、○○○のBです。 A　承知しました。念のためにご内線番号（または 　　電話番号）をいただけますでしょうか。 （…） B　はい、それではどうぞよろしくお願いたしま 　　す。 A　はい、失礼いたします。 B　はい、失礼いたします。

A 수고 많으십니다. ○○○(부서명)의 A입니다.
B XXX의 B입니다. (수고많으십니다.) C씨(직급) 자리에 계십니까?

	A C 씨는 지금 자리에 안 계십니다만, 어떻게 도와드리면 될까요?
	B 네, ○○○의 B가 전화드렸다고 전해주실 수 있으신가요?
A 네, 잠시만 기다려주세요.	A 알겠습니다. 부서명과 성함을 한 번 더 말씀
C 수고 많으십니다. ○○○의 C입니다.	해주시겠습니까?
B 수고 많으십니다. XXX의 B입니다. 다름	B 네, ○○○의 B입니다.
이 아니라, ~건으로 연락드렸습니다.	A 알겠습니다. 혹시 모르니 내선번호(혹은 전화
(…)	번호)를 말씀해주실 수 있을까요?
B 잘 부탁드립니다. 그럼 실례하겠습니다.	(…)
C 네, 실례하겠습니다.	B 네, 그럼 잘 부탁드립니다.
	A 네, 그럼 실례하겠습니다.
	B 네, 실례하겠습니다.

상대방이 사외일 경우

A お世話になっております。○○○のAでございます。
B XXXのBです。（お世話になっております。）
　C様はいらっしゃいますでしょうか。

	A 申し訳ございませんが、
	Cは只今席を外しております。
	いかがいたしましょうか。
A はい、少々お待ち下さい。	B はい、○○○のBから電話があった旨をお伝
C お世話になっております。	えいただけますでしょか。
○○○のCです。	A かしこまりました。御社名とお名前をもう一
B XXXのBです。	度頂戴できますでしょうか。
お世話になっております。	B はい、○○○のBです。
早速ですが、~の件でご連絡いた	A 承知しました。念のためにご連絡先をいただ
しました。	けますでしょうか。
…	(…)
B どうぞよろしくお願いいたします。	B はい、それではどうぞよろしくお願いいたします。
失礼いたします。	A はい、失礼いたします。
C はい、失礼いたします。	D はい、失礼いたします。

A 안녕하세요. (신세 지고 있습니다.) ○○○의 A입니다.
B XXX의 B입니다. (안녕하세요.) C씨 자리에 계신가요?

	A 죄송합니다만, C씨는 지금 자리에 안 계십니다. 어떻게 도와드리면 될까요?

A 네, 잠시만 기다려주세요.
C 안녕하세요. ○○○의 C입니다.
B XXX의 B입니다. 안녕하세요. 다름이 아니라, ~건으로 연락드렸습니다.
(…)
B 잘 부탁드립니다. 그럼 실례하겠습니다.
C 네, 실례하겠습니다.

A 죄송합니다만, C씨는 지금 자리에 안 계십니다. 어떻게 도와드리면 될까요?
B 네, ○○○의 B가 전화드렸다고 전해주실 수 있으실까요?
A 알겠습니다. 회사명과 성함을 한 번 더 말씀해주시겠습니까?
B 네, ○○○의 B입니다.
A 네, 알겠습니다. 만일을 위해서 연락처를 알려주실 수 있으실까요?
(…)
B 네, 그럼 잘 부탁드립니다.
A 네, 실례하겠습니다.
B 네, 실례하겠습니다.

> **Tip**
>
> "お世話になっております(신세 지고 있습니다. 늘 신세가 많습니다)"라는 문장은 한국어로 직역하면 이상하게 들릴 수 있으나 일본 비즈니스 관계에서는 자주 사용하는 표현이다. "안녕하세요" 정도로 의역해서 기억해두는 게 좋다.
> 비즈니스 전화 응대에서는 "もしもし(여보세요)"나 "こんにちは(안녕하세요)"는 NG다. "お世話になっております"로 습관을 들여 사용하자.

이메일

한국은 당사자 간의 커뮤니케이션을 위주로 이메일을 주고받는 데 비해 일본은 받는 사람(TO), 참조(CC), 숨은 참조(BCC)의 사용을 철저히 구분하며 공유 전용 이메일을 통해 전체적인 업무를 공유하는 문화를 가지고 있다. 따라서 상대방이 보낸 메일에 CC로 다른 관계자들이 공유되어 있다면 회신할 때도 메일을 보낸 당사자만이 아니라 전체 회신으로 답장하는 것이 기본이다.

◎ 받는 사람 주소

◎ 참조(CC) 및 숨은 참조(BCC) 주소

◎ 보내는 사람 주소

◎ 메일 제목   – 이름은 정확하게 확인

◎ 상대방 회사명 + 부서 + 상대방 이름(様)   – 회사명은 정식 회사명

   CC 받는 사람 이름

◎ 인사말

   · 내부 직원에게: お疲れ様です。

   · 외부 회사 직원에게: いつもお世話になっております。

◎ 회사 소속 + 자신의 이름

◎ 메일 내용: 알아보기 좋게

◎ 마무리 인사: うぞよろしくお願いいたします。

◎ 서명

➡ 상황에 따라 메일 첫인사가 달라지는 점에 유의
   예) 내부 직원이지만 얼굴은 모르고 처음 메일을 보내
      는 상대에게
      初めまして、マイナビコリアのキム·ナビと申し
      ます。先日からマイナビコリアでお世話になって
      おります。今後どうぞ宜しくお願い致します。

이메일 작성 예시

받는사람 yamada@myeducation.co.jp ○받는 사람 주소
참조 yamamoto@myeducation.co.jp ono@myeducation.co.jp ○참조(CC) 및 비밀 참조(BCC) 주소
보낸사람 kim.nabi@aoishouji.co.jp ○보내는 사람 주소

제목 **弊社社員宛のプレゼンテーションにつきまして** ○메일 제목

株式会社マイ・エデュケーション ○상대방 회사명
営業課 부서
山田様 상대방 이름様
(CC 吉田様、山本様、小野様) (CC 받는 사람 이름)

いつもお世話になっております。 ○인사말
アオイ商事のキムナビと申します。 ・외부 회사 직원: いつもお世話になっております。
  ○회사 소속+자신의 이름

先ほどは、弊社社員宛てのプレゼンテーションの実施をご快諾いただき有難うございました。 ○메일 내용
役員一同、皆様のプレゼンテーションに期待しておりますので、何卒よろしくお願いいたします。

またプレゼンテーションにあたり、弊社社員より2点ほど追加のお願いがございます。

①「若手社員が自ら成長するために必要な3つの要素と理由」に関しては、どのような経緯でその3つに絞り込まれたのか。話し合いのプロセスについても、ご説明をお願いいたします。
②また、その必要な要素を踏まえ、各個人はこれからどのような具体的行動をしていくのか。最後に、一人ひとりの言葉で決意を聞かせてください。

以上いかがでしょうか。各グループ10分以内でプレゼンテーションいただければ幸いです。

お願いばかりで申し訳ございませんが、何卒よろしくお願いいたします。 ○마무리 인사: どうぞよろしくお願いいたします。

----------------------------------- ○서명
株式会社アオイ商事
人事課 キムナビ
〒171-0022東京都豊島区南池袋 3-15-13
TEL:03-5985-4815 FAX:03-5985-4816
MAIL:kim.nabi@aoishouji.co.jp

일본인 선배와 상사의 마음을 사로잡자, 비즈니스 일본어 편

많은 한국 사람들이 '일본인은 속마음을 모르겠다', '겉과 속이 다르다'고 생각하는 경우가 많다. 아무래도 한국인들이 일본인에 비해 좀 더 직설적인 표현을 선호하기 때문인지 약간 답답함을 느끼는 부분이 있다고 생각된다. 서로의 표현 방식이 다르다는 것을 인지하고 그에 맞는 표현법을 써야 본인이 전하고자 하는 뜻을 전달할 수 있다. 같은 의미라 하더라도 표현 방식에 차이가 있으므로 일본인과 좀 더 좋은 관

계를 구축할 수 있는 표현법을 배워보자.

일본인의 본심(혼네本音)과 명분(타테마에建前)

일본 사람들은 좀처럼 속내를 드러내지 않고 주변과 화합하려 한다. 그런 문화에 맞게 언어 표현도 다양하다. 하지만 한국은 일본보다 좀 더 본심을 직접적으로 표현하는 문화인지라 비즈니스 상황에서 일본 사람의 아리송한 표현을 들으면 어떻게 반응해야 할지 몰라 당황하는 경우가 종종 있다.

아리송하고 애매모호하지만 자주 쓰이는 표현

"前向きに検討致します。"

- 사전적 의미: "적극적으로 검토하겠습니다."
- 의역: "좋은 방향으로 검토하겠습니다."

  '前向きに'가 들어가면 긍정적으로 검토해보겠다는 뉘앙스로, 긍정적인 답변을 받을 수 있는 가능성이 50% 정도 된다.

"持ち帰らせていただきます。"

- 사전적 의미: "가져가겠습니다."
- 의역: "일단 보류하겠습니다."

  상대의 제안에 바로 결론을 내리기가 어렵거나 거절할 의사가 클 경우 사용하는 표현이다.

"今度お食事でも行きましょう！"

- 사전적 의미: "다음에 식사라도 하시죠!"
- 의역: 이는 한국에서도 인사치레로 많이 하는 말인데, 일본에서도

마찬가지로 사교상의 인사말 중 대표적인 표현이다. 일반적인 인
사말 중 하나로 생각하면 된다.

쿠션워드クッションワード

쿠션워드란 말 그대로 'Cushion'과 'Word'를 합성해 만들어진 용어
다. 상대방에게 부탁 또는 거절을 하거나 상대의 의견에 반론을 말하기
에 앞서 쿠션처럼 완화하는 표현이라고 볼 수 있다. 이러한 표현은 비
즈니스의 다양한 상황에서 활용된다.

대표적인 쿠션 워드 예시

일본어	한국어 직역
恐れ入りますが	송구합니다만
大変申し訳ございませんが	대단히 죄송합니다만
失礼ですが	실례합니다만
もし、よろしければ	혹 괜찮으시다면
差し支えなければ	지장이 없으시다면, 괜찮으시다면
お手数をおかけしますが	불편을 끼쳐드려 죄송합니다만

	일본어	한국어 의역
의뢰할 때	五月雨式（さみだれしき）で申し訳ございませんが、(…納品いたします。)	한 번에 끝나지 않고 끊기면서 계속 진행하게 되어 죄송합니다만 (…납품해드리겠습니다.)
	勝手を申し上げますが (…本日はご都合よろしいでしょうか？)	제 마음대로 말씀을 먼저 여쭙니다만 (…오늘은 일정이 괜찮으신지요?)
반론할 때	おっしゃることはわかりますが (…こちらの意見の方が正しいのではないでしょうか？)	말씀하신 내용은 이해가 갑니다만 (…저희 쪽 의견이 맞는 게 아닌지요?)
	確かにそのとおりでございますが (…○○により賛同しかねます)	확실히 그 말이 맞는 것 같습니다만 (…찬성하기가 어렵습니다.)
거절할 때	お役に立てず大変恐縮（たいへんきょうしゅく）でございますが (…ご了承ください)	도움이 되지 못해 대단히 송구스럽습니다만 (…양해 부탁드립니다.)
	身に余るお言葉ですが (…今回はご遠慮させていただきます)	분수에 지나친 말입니다만 (…이번에는 사양하겠습니다)
보고할 때	お取り込み中、恐れ入りますが	경황없는 와중에 송구합니다만
	○○○の件でお話したいことがございますが、お時間よろしいでしょうか。	○○○ 건으로 말씀을 여쭙고 싶은데 시간 괜찮으신가요?

맞장구 표현, '사시스세소' 기법さしすせそ術

일본 영업사원들의 영업 기법인 '사시스세소' 맞장구 기법을 활용하면 일본인 상사, 선배, 고객 들과 즐거운 대회 분위기를 형성할 수 있다.

사   さすがですね！(역시! / 대단하세요!)

시   知らなかったです！(몰랐어요!)

스   すごいですね！(대단하군요!)

세   センスがいいですね！(센스가 좋네요!)

소   そうなんですか？(그런가요?)

그 외에도

たしかに！

−사전적 의미: 확실히!

−의역: 그렇네요! / 당신 말이 맞아요!

なるほどですね！

−사전적 의미: (상대의 주장을 긍정하거나, 맞장구치며) 정말, 과연!

−의역: 그렇군요, 맞아요, 동의해요.

ほんとうにおっしゃる通り

−정말로 말씀하신 대로네요.

기본적인 존칭 활용법

(1) 직함 사용 시 이중 존칭어 사용 금지

　　예) ○○部長様 부장님(×)　　　　○○部長 부장(○)

(2) 인명의 경우 붙이는 경칭은 様(사마)가 기본이다.

　　　−윗어른 또는 첫 만남일 경우······························○○様

　　　−몇 번의 거래가 있고 친분이 있는 경우 ················○○さん

(3) 우편물의 받는 이가 회사 혹은 부서로 끝나는 경우는 '귀중'으로 표기한다.

　－귀중과 様, さん은 함께 쓰지 않는다.

　예) ○○会社　経理部御中 / ○○会社御中

(4) 회사명과 개인 이름을 함께 사용하는 경우의 호칭은 様를 사용한다.

　예) ABC株式会社　経理部　山田様

　　　ABC株式会社　経理部　ご担当者様

① 회사명에 대한 존칭어

　회사명에 様라는 존칭을 붙이지 않아도 괜찮다는 의견도 있지만 붙인다고 해서 매너에 어긋나는 것은 아니다. 따라서 회사명을 말해야 하거나 편지, 메일 내용 중에 회사명을 써야 하는 경우에도 様를 쓰면 된다. 친분 정도를 생각해서 さん, 様 중 택일해 쓰면 된다.

② 御社 / 貴社: 상대 회사를 공경하며 표현하는 것

　御社(귀사) － 구어로 사용

　貴社(당사) － 문어로 사용

회식과 식사 등 생활문화 편

일본의 회식문화

　일본에도 환영회, 송별회, 매출 달성이나 생일 축하 등 다양한 회식 자리가 있다. 한국에서는 술자리의 분위기를 북돋아주는 사람을 '술 상무'라 부르기도 하는데, 일본에도 일명 '간사'라고 불리는 '술 상무'가 존재한다. 간사의 역할은 회식의 분위기뿐 아니라 일정 조율, 가게 선정과 예약부터 당일 사회, 회계 등에 이르기까지 회식의 모든 과정을 관리하는데, 보통 연차가 가장 적은 직원이 담당하게 된다.

일본의 회식문화는 '토리아에즈 비루(우선 맥주)' 문화라고 할 정도로, 일단 첫 잔은 맥주를 시키고 건배를 한 이후에 각자가 마시고 싶은 음료를 시킨다. 두 잔째부터는 굳이 술을 마실 필요가 없으며 소프트드링크를 편하게 마셔도 된다. 사내 분위기에 따라 회식 분위기가 다를 수는 있으나, 일반적으로 상사나 선배가 술을 무리하게 강요하지 않으며 각자의 페이스에 맞춰 자유롭게 마시고 즐길 수 있는 문화다.

한국과의 차이점이라면 회식 참가비는 '와리캉', 즉 각자 부담이라는 점이다. 직책을 불문하고 같은 금액을 걷는 회사도 있지만 직책에 따라 회식비에 차등을 두는 회사도 있다. 이러한 문화 때문에 보통 무제한 술을 포함한 코스 요리가 나오는 가게를 이용하는 경우가 많다. 회식비는 보통 3만~5만 원 선이다.

Tip

🔊 회식 자리의 마무리는 '잇봉지메一本締め' 또는 '산봉지메三本締め'

회식 자리가 끝나면 마지막에는 '잇봉지메' 또는 '산봉지메'라는 손뼉치기를 한다. 이는 일본 특유의 풍습으로, 축제 등의 행사를 마칠 때 참가한 모든 이의 수고를 격려하는 의미가 있다. 이러한 문화가 회식 자리에도 이어져 다 같이 손뼉을 치고 해산하는 것이 일반적이다.

산봉지메는 짝짝짝/짝짝짝/짝짝짝/짝을 1세트로 3번 반복하는 것으로, 9번의 박수가 '九(쿠)'의 동음이의어인 '苦(쿠)', 즉 수고를 의미하고, 마지막 1번의 박수로 '九'가 '丸(둥글 환)'이 돼 행사가 둥글둥글하게 잘 마무리됐다는 의미를 가진다. '잇봉지메'는 이를 간소화해 오테오 하이샤쿠(손을 빌려) 짝, 오츠카레사마데시타(수고 많았습니다)라고 1세트로 끝내는 것이다.

식사 예절

입사 후, 각종 환영회와 관계 구축을 위해서 선배나 상사와의 점심, 저녁 식사 자리가 많을 것이다. 고객들과의 자리도 많을 테니 일본의 식사 예절을 잘 지키는 것 또한 사회생활에 필수적이라 할 수 있겠다.

일본 드라마를 봤거나 일본 여행을 가본 적이 있다면 알 수 있을 텐데, 일본은 한국과 다르게 수저를 가로로 놓는다. 가로로 놓는 이유는 크게 두 가지가 있다고 하는데, 한 가지는 끝이 뾰족한 것이 상대방을 향하도록 하는 게 실례가 된다고 생각하기 때문이다. 또 한 가지는 고대 일본인들은 신이 준 성스러운 음식은 결코 손을 사용하지 않고 젓가락을 사용해서 먹었다고 하는데, 이 젓가락이 신의 세계, 즉 대자연과 인간 사이의 선을 긋는 결계結界의 역할이라는 의미가 있다고 한다.

식사를 할 때는 손을 모아 "いただきます(잘 먹겠습니다)"라고 인사하고, 다 먹고 난 뒤에는 "ごちそうさまです(잘 먹었습니다)"라고 인사한다. 요리를 만들어준 분에 대한 감사 인사뿐만 아니라, 식자재로 들어간 고기와 채소에도 생명이 있으므로 그걸 먹은 데 대한 참회와 감사의 의미도 들어 있다고 한다.

다 같이 찌개를 먹을 때는 반드시 접시에 덜어서 먹고, 반찬을 나눠줄 때에는 새 젓가락을 사용하거나 본인 젓가락의 뒷부분을 사용해야 한다. 한 가지 주의해야 할 사항은 젓가락에서 젓가락으로는 음식을 전달하지 않는다는 것이다. 그 이유는 일본의 장례문화에서 기인하는데, 고인이 무사히 저승으로 잘 가길 바라는 마음에서 화장이 끝난 후에 젓가락으로 유골을 집어 유골함에 넣을 때 상주와 또 한 명의 가장 가까운 가족이 젓가락을 이용해서 유골을 옮기기 때문이다. 따라서 젓가락에서 젓가락으로 음식을 옮기는 행위는 특히 주의해야 한다.

감사 메일お礼メール 문화
감사 메일의 의미와 목적
"できるビジネスパーソンはお礼メールがうまい(유능한 담당자는 감사 메일에 능숙하다)"라는 말이 과언이 아닐 정도로 일본의 비즈니스 현장에서 감사 메일은 중요한 역할을 한다. 감사 메일이란 회식, 방문, 회의 등이 끝난 후 고객에게 감사 메일을 쓰는 것을 말한다. 고객과의 신뢰가 구축되어 계약 성립 등 비즈니스의 기회로 이어질 수 있다. 특히 고객사 첫 방문 후의 감사 메일은 더더욱 중요하게 여겨진다.

감사 메일 쓰는 방법과 주의 사항
(1) 제목은 간결하게, 회사명 혹은 이름도 함께 기재
  예) 제목: 면담에 대한 감사 [주식회사 ○○○○ 야마다입니다]
(2) 무리한 한자 사용 지양, 오탈자 확인, 히라가나와 한자 균형 맞추기
  1행에 35~50자 정도로 작성하고 그 이상인 경우 행갈이, 단락이 바뀔 때는 한 줄씩 비워두어 읽는 사람을 배려한다. 또한 무리한 한자 사용을 지양해 히라가나와 한자 사용의 균형을 맞춘다.
(3) 타이밍
  감사 메일은 당일, 늦어도 다음 날 오전까지는 보내는 것이 좋다. 앞으로 신뢰를 구축할 상대에게 자주 감사 메일을 전달하는 것만으로도 원활한 협력 관계를 만들어갈 수 있다.
(4) 상대의 메일주소를 주소록에 등록하기

회사명, 직책, 이름을 주소록에 등록해두어 메일을 받는 사람에게도 표시되도록 한다.

TO: ○○@○○.co.jp (×)

TO: 주식회사 ○○ 영업부 ○○ 님 (○)

(5) 특이 사항

감사 메일에 대한 회신도 중요하다. 일부러 감사 메일을 보내준 것에 대한 감사의 메일을 보내는 것이다. 회신 타이밍은 24시간 이내로 하는 것이 좋으며 제목은 변경하지 않고 회신하는 것이 좋다. 감사 메일에 대한 회신 종료는 아랫사람의 회신으로 끝내는 것이 일반적이다(감사-감사에 대한 답변-감사에 대한 답변의 답변… 영원히 반복할 수는 없기 때문이다). 가령 상사와 부하 사이라면 부하의 회신으로 종료, 회사와 회사라면 일을 맡는 측의 회신으로 종료하는 것이 부드러운 흐름이다.

Tip

회식 자리가 끝난 후에도 반드시 감사 메일을 쓰는 게 좋다

감사 메일에 대해서는 보통 다음과 같은 답변이 온다.
Re: 회식 감사드립니다.
바쁘신 가운데 정중한 편지를 주셔서 감사합니다.
저야말로 즐거운 시간을 함께할 수 있어서 영광이었습니다.
앞으로도 잘 부탁드립니다.

요세가키寄せ書き 문화

요세가키란?

학창 시절 많이 썼던 '롤링페이퍼'를 떠올리면 쉽다. 요세가키는 졸업, 전학, 전근, 퇴직 등의 송별회 때 떠나는 사람에게 주는 메시지 카드다. 예전에는 한국에서도 롤링페이퍼를 많이 썼던 것 같은데 요즘에는 어떤지 잘 모르겠다.

소속 부서에 따라 성향은 다르겠지만 많은 회사에서 부서 이동이나 퇴직을 할 경우 송별회에서 선물과 요세가키를 받는다. '시키시色紙'라고 해서 A4지 크기의 하드보드지로 된 요세가키 전용 용지가 판매되고 있을 정도다. 나 또한 유학 시절 아르바이트를 했을 때, 한국계 일본 법인에서 인턴을 했을 때, 그리고 현재 마이나비에 근무하면서도 종종 요세가키를 받거나 만들었다.

요세가키에는 보통 사진과 함께 메시지를 쓰는데, 아예 앨범을 만들어주는 경우도 있다. 신입사원이면 환영회나 송별회 등의 회식을 담당하는 경우가 많을 텐데 선배들의 송별회를 준비할 때 요세가키까지 생각한다면 "気が利くね!(센스 있다!)"라는 말로 사려 깊은 신입이라는 좋은 평가를 받을 수 있을 것이다.

5

일본 정착 꿀팁
동경 VS. 서울 물가 비교 / 은행 / 핸드폰 / 주거 구하기

일본 취업에 앞서 누구나 고민하는 것 중 하나는 한국과의 물가 차이가 아닐까 한다. 1990년대만 해도 일본은 모든 것이 다 비싸다는 인식이 있었는데 최근에는 제주도 여행보다 일본 여행이 저렴하다는 말이 나올 정도로 물가에 변화가 있는 것 같다. 보다 명확한 수치를 통해 한국과 일본의 의식주와 교통비에 대한 물가 비교를 해보고자 한다. 이 장의 내용은 웹사이트 NUMBEO(https://www.numbeo.com/cost-of-living/)에 나오는 정보를 토대로, 한국과 일본의 수도이자 가장 많은 인구가 거주하는 서울과 도쿄를 중심으로 비교했다.

주거비

일본 생활에 필수적이며 고정적으로 가장 높은 비용이 지출되는 부분은 주거비일 것이다. 한국과 일본의 주거문화 차이를 짚고 넘어갈 필요가 있는데 일본에는 한국의 전세와 같은 개념이 존재하지 않는다. 즉, 매매와 월세로만 나뉜다. 여기서는 임대(월세)를 통해 주거비를 비교해보도록 하자.

방 1개와 방 3개, 도심과 외곽으로 각각 구분해 비교한 결과 모두 일본이 더 비쌌다. 특히 외곽에 있는 방 1개의 월세 차이는 33.01%로 매우 크게 나타났는데, 이제 사회생활을 시작하는 신입사원의 재정 상황을 고려한다면 주거비 차이는 상대적으로 훨씬 더 크게 느껴질 듯하다. 하지만 일본의 기업에서는 주택수당(또는 지역수당)을 별도로 지원하는 경우가 적지 않다. 가장 큰 비용이 드는 부분인 만큼 기업 지원 시 잘 참고하기 바란다.

만약 장기 거주 등으로 가족과 함께 생활하는 경우라면, 외곽에 있는 방 3개 조건일 때의 비용 차이가 11.58%에 불과해 비교적 적은 차이를 보인다.

동경 VS. 서울 월세 비교

	도쿄	서울	차이(%)
도심에 위치한 방1 아파트	116,270¥ (1,181,164₩)	81,497¥ (827,906₩)	29.91
교외에 위치한 방1 아파트	73,466¥ (746,328₩)	49,218¥ (500,000₩)	33.01
도심에 위치한 방3 아파트	279,750¥ (2,841,905₩)	223,124¥ (2,266,666₩)	20.24
교외에 위치한 방3 아파트	147,181¥ (1,495,180₩)	130,134¥ (1,322,000₩)	11.58

출처: https://www.numbeo.com

교통비

거주지와 더불어 일본이 한국보다 비싸다고 여겨지는 교통비를 확인해보자. 아래 표는 크게 대중교통과 자가용으로 구분되어 있다. 대부분의 대중교통은 한국에 비해 일본이 비싼 것으로 나타나며 택시의 경우는 82.17%까지 차이가 난다. 그러나 일본의 경우 많은 회사에서 교통비 지원을 하고 보통 정기권으로 출퇴근하기 때문에 출퇴근 구간 안에서의 이동은 추가 비용이 발생하지 않는다. 따라서 실질적으로 지출되는 교통비는 한국에서의 지출과 큰 차이가 나지 않을 수도 있다.

한편, 자가용 이용과 관련된 유류비나 차량 구매 비용 등은 한국에 비해 저렴한 것으로 나타난다. 물론 한국에는 잘 없는 일본 특유의 차고 비용을 감안한다면 이 또한 비용 상승의 여지는 있다고 봐야 한다.

도쿄 vs. 서울 교통비 비교

교통수단	도쿄	서울	차이(%)
편도 티켓(대중교통 수단)	200¥ (2,031₩)	123¥ (1,250₩)	38.48
한 달 정기권(정액)	10,000¥ (101,587₩)	5,414¥ (55,000₩)	45.86
택시 기본요금(주간)	489¥ (4,972₩)	295¥ (3,000₩)	39.67
택시 1km당(주간)	410¥ (4,165₩)	73¥ (742₩)	82.17
가솔린(1ℓ)	143¥ (1,452₩)	158¥ (1,607W)	-10.05

	도쿄	서울	차이(%)
폭스바겐 Golf 1.4 90 KW Trendline(혹은 동등한 레벨의 차량)	2,539,000¥ (25,793,025₩)	3,149,998¥ (32,000,000₩)	−24.06
도요타 Corolla 1.6l 97kW Comfort(혹은 동등한 레벨의 차량)	2,139,052¥ (21,730,063₩)	2,810,936¥ (28,555,555₩)	−31.41

출처: https://www.numbeo.com

생활비

식료품비

식료품 및 기호식품 물가를 확인해보자. 아래 표에 나타난 19가지 기본적인 식료품의 물가 비교를 보면 총 19가지 항목 중 7가지 항목을 제외하고는 모두 일본이 한국보다 저렴한 것을 알 수 있다. 일본이 더 비싸다 하더라도 한국과의 가격 차이가 다른 식료품에 비해 상대적으로 크게 나지 않는다.

또한 외식의 경우에도 패밀리 레스토랑, 프랜차이즈 식당, 편의점, 도시락 전문점 등 300엔 수준부터 이용할 수 있는 다양한 선택지가 있어 재정 상황에 맞추어 이용할 수 있다.

기본적인 식료품 물가 비교 도쿄 vs. 서울

	도쿄	서울	차이(%)
우유(1ℓ)	181¥ (1,839₩)	241¥ (2,456₩)	−33.55
빵 하나(500 g)	186¥ (1,893₩)	372¥ (3,786₩)	−99.96

쌀-백미(1 kg)	585¥ (5,945₩)	419¥ (4,261₩)	28.33
달걀(보통) (12개)	220¥ (2,243₩)	369¥ (3,752₩)	−67.26
치즈(1 kg)	1,290¥ (13,114₩)	1,838¥ (18,680₩)	−42.45
닭가슴살(1 kg)	788¥ (8,006₩)	968¥ (9,838₩)	−22.88
라운드 스테이크(1 kg) (혹은 동등한 레벨의 고기)	2,371¥ (24,090₩)	2,583¥ (26,250₩)	−8.96
사과(1 kg)	806¥ (8,189₩)	738¥ (7,500₩)	8.41
바나나(1 kg)	388¥ (3,948₩)	467¥ (4,750₩)	−20.30
오렌지(1 kg)	600¥ (6,095₩)	679.22¥ (6,900₩)	−13.20
토마토(1 kg)	723¥ (7,348₩)	602¥ (6,121₩)	16.69
감자(1 kg)	425¥ (4,317₩)	365¥ (3,714₩)	13.97
양파(1 kg)	338¥ (3,435₩)	336¥ (3,413₩)	0.64
양상추(1개)	207¥ (2,108₩)	248¥ (2,520₩)	−19.53
물(1.5 ℓ 1병)	125¥ (1,274₩)	132¥ (1,342₩)	−5.33
와인(중간 레벨)	1,500¥ (15,238₩)	1,968¥ (20,000₩)	−31.25
국내 맥주(0.5 ℓ 1병)	295¥ (3,002₩)	274¥ (2,784₩)	7.26
수입 맥주(0.33 ℓ 1병)	401¥ (4,080₩)	427¥ (4,346₩)	−6.51
담배 한 갑(말보로)	450¥ (4,571₩)	442¥ (4,500₩)	1.56

의류비

의류비 비교에서는 항목의 다양성은 부족하지만 전반적으로 일본이 저렴한 것으로 나타난다. 특히 운동화에서는 17.74%의 차이를 보이는 등 유사한 제품에서 가격 차이가 나타나는 것을 볼 수 있다. 그 외 항목은 전반적으로 일본이 조금 저렴하거나 대체로 비슷한 가격 수준을 보이는 것으로 나타난다.

의류 및 신발 도쿄 vs. 서울

	도쿄	서울	차이(%)
청바지 한 벌 (Levis 501 혹은 비슷한 브랜드)	6,316¥ (64,169₩)	6,878¥ (69,878₩)	−8.90
체인점의 여름 원피스 한 벌 (Zara, H&M 등)	4,432¥ (45,026₩)	4,687¥ (47,615₩)	−5.75
나이키 운동화 한 켤레 (중간 레벨)	8,071¥ (81,991₩)	9,503¥ (96,540₩)	−17.74
남성용 가죽 구두 한 켤레	11,600¥ (117,841₩)	12,424¥ (126,216₩)	−7.11

출처: https://www.numbeo.com

일본 생활 물가 종합 정리

의식주와 교통비 등 물가의 전반적인 면을 확인한 결과 주거와 대중교통은 일본이 한국에 비해 비싸지만, 그 외의 항목에서는 비교적 저렴한 것이 많다. 즉, 회사 복지에 주택 관련 비용과 교통비 지원이 있다면 한국에서와의 생활비 차이는 거의 없을 것으로 보이며 생활 환경과 개인의 생활 패턴에 따라서는 오히려 한국보다 더 저렴하게 생활할 수도 있다.

가전제품 저렴하게 구입하기!
'새로운 생활 응원 캠페인新生活キャンペーン'
대학교 입학과 신입사원의 입사가 이루어지는 시기인 4월은 사회 초년생들을 위해 다양한 곳에서 '가성비' 좋은 세트 상품들이 나온다. 일본의 유명한 가전제품 판매점인 '빅카메라ビックカメラ', '요도바시카메라ヨドバシカメラ', '야마다전기ヤマダ電機' 등의 할인을 노리자. 냉장고+세탁기 구성으로 3만 6,800엔, 냉장고+세탁기+전자레인지 구성으로 4만 1,000엔 등 1인 가구에 알맞은 구성으로 저렴한 가격에 가전제품을 구입할 수 있다. 구입 후에는 다리미 세트를 받을 수 있을 정도의 포인트가 모이니, 이 또한 활용하면 좋다.
더 저렴하게 구입하고 싶다면 중고매장 또는 '동유모(동경유학생모임)'와 같은 한국인 커뮤니티에서 중고품 거래도 가능하며 운이 좋다면 귀국하는 사람에게 무료로 받을 수도 있다.

주거 구하기

주거는 형태에 따라 일반 주거, 사택 및 기숙사 두 가지로 크게 나눌 수 있다. 사택과 기숙사는 회사에서 복리후생의 일환으로 직원들에게 제공하는 주거 형태다. 회사가 일부만 부담하는 경우 회사 부담 금액 이외의 나머지 금액은 급여에서 차감되는 경우가 많으나, 이는 회사마다 다르므로 사전에 확인이 필요하다.

일반 주거를 구하는 경우라면 먼저 아래 개념들에 대한 이해가 필요하겠다.

- **시키킹**: 입주 시 집주인에게 맡기는 금액. 원칙적으로 퇴거 시 돌려받는 금액이다. 단, 퇴거 시점에서 주거에 보수가 필요하거나 임차료가 연체되어 있는 경우 그 금액이 시키킹에서 차감될 수 있다. (대체로 1~2개월 치의 월세)
- **레이킹**: 집주인에게 사례금 명목으로 지불하는 금액. (대부분 1~2개월 치의 월세)
- **월세**: 부동산 안내에 기재되어 있는 금액
- **중개수수료**: 계약 시 중개업자에게 지불하는 수수료(월세 0.5~1개월 치)
- **관리비**: 집주인 또는 주거관리 회사에 지불하는 서비스 비용. 대체로 주거지 공용 공간의 청소, 쓰레기 분리수거, 방범 서비스 등이 해당된다.
- **그 외 보험료 등**: 화재보험 가입이 필수인 주거의 경우 1~2만 엔 정도의 보험료 납부가 필요하다.

또 다른 주거 형태로는 '먼슬리 맨션'이라 불리는 임대주택(레오팔레스)이 있으며, 가구 및 가전이 구비되어 있어 월세+광열비+기타 수수료를 일시불로 지불하는 형태로 계약한다.

Tip 일본에서는 열쇠 분실 시 열쇠는 물론 잠금장치까지 교환하는 경우가 대부분이다. 따라서 열쇠를 잃어버리면 부담이 크니 분실에 주의하자.

계약까지의 흐름 설명

- 원하는 주거 조건을 정한다.
- 거주 구조나 욕실과 화장실의 구분 여부, 현관 자동문 등 실내외 설비나 역 근처, 편의점 근처 등 주변 환경 또한 꼼꼼히 살펴보는 것이 좋다.
- 원하는 주거 지역을 정한다.
- 처음 주거를 결정할 때에는 지역에 관한 배경지식이 거의 없다는 점을 감안해 먼저 부동산 포털 사이트를 활용하여 조건에 맞는 매물을 검색해보자. 중개업자와 소통하기 전에 최대한 자신의 희망 조건을 정리해두는 것이 좋다.
- 지역을 결정할 때에는 실제로 방문해보고 거리의 분위기나 생활에 필요한 조건(편의점, 병원, 대형 마트 등)을 어느 정도 염두에 두고 후보를 추리는 것이 좋다.
- 지역 후보가 정해지면 부동산에 방문해 희망하는 조건을 만족하는 매물을 직접 둘러보고, 계약에 필요한 조건 등을 확인한 뒤 계약을 진행한다.

은행 계좌 만들기

일본의 금융거래는 3대 메가뱅크(미쓰비시도쿄UFJ은행, 미즈호은행, 미쓰이스미토모은행)를 이용하는 경우가 많다. 지방의 경우 그 지방의 은행(요코하마은행, 치바은행 등)을 이용하는 경우도 있다.

인터넷으로도 계좌 개설이 가능하지만, 직접 지점에 방문해 절차를 확인하며 개설하기를 추천한다. 통장은 그 자리에서 바로 발급이 가능하고, 현금카드는 1~2주일 후 기재한 주소로 우송된다. 이때 우편물은 간이등기(한국의 등기우편 개념)로 우송되므로 부재로 우편물을 받지 못했을 경우에는 우체국에 연락해 본인이 직접 수령해야 한다.

○ 은행 계좌 만들기 준비물
  − 여권
  − 재류카드(주소 등록 완료)
  − 도장
  − 일본 주소
  − 연락처
  − 입사 예정 증명서

○ 은행 계좌 만들기 전 확인 사항
  − 회사 지정 은행 확인(급여 통장으로 사용하는 경우)
  − 주소지에서 가까운 은행으로 선택(거주지에서 먼 경우 이유를 확인하거나 거절되는 경우도 있음)
  − 일본의 은행 영업시간은 기본적으로 9:00~15:00다. 최근 연장 영업하는 은행과 지점이 생겼으니 이 부분도 사전에 확인하고 방문하자.

핸드폰 개통

한국의 SK텔레콤, KT, LG U+처럼 일본의 대표 통신사로는 NTT docomo, au, Softbank 3사가 있다. 3사의 요금제나 혜택은 크게 다르지 않으니 자유롭게 선택하면 된다.

최근에는 이러한 통신사 외에도 데이터 혹은 음성통화 이용이 가능한 유심카드만을 따로 구입해 사용하는 젊은 세대도 많다. 또한 NTT docomo나 Softbank의 회선을 사용하지만 서비스의 폭을 대폭 줄인 저가 통신사(Line mobile 등)도 많이 등장하고 있어 이 또한 고려해봐도 좋을 것이다.

개통은 가까운 통신사 대리점에 방문하거나 인터넷 신청이 가능한 경우 인터넷으로 신청하면 된다. 요금은 통장에서 자동으로 이체되므로 통장 또는 현금카드/신용카드가 반드시 필요하니 지참하도록 한다. 또한 비상 연락처 기입이 필요한 경우도 있는데, 이때는 근무지 연락처나 일본에 거주하는 지인의 연락처를 기입하면 된다.

그 외에 신규 계약에 따른 사무 수수료가 발생하는 경우가 있다. 이용 요금에 합산되어 청구되기도 하나, 계약 시 그 자리에서 납부가 필요한 경우도 있으니 미리 확인하도록 한다. 기종에 따라 월 사용 요금에 단말기 할부 요금이 합산될 수 있으며 할부 요금 제도는 각 통신사 조건을 확인하도록 한다. 또한 통신사에 따라 주거에서 사용하는 인터넷 동시 계약 시 할인 혜택이 있는 경우도 있으니 주거 인터넷도 함께 이용할 거라면 참고하자.

○ 핸드폰 개통 시 준비물

   – 여권

   – 재류카드(주소 등록 완료)

   – 도장

   – 통장 또는 카드

참고자료 6
은행별 특징

	미쓰비시도쿄UFJ은행	미즈호은행
계좌 개설 장점	• 일본 어디에나 지점이 있음 • 편의점 ATM기기 사용 가능 • 은행 내 ATM기기 이용시간 중에는 입출금 수수료 무료 • 수수료가 저렴한 인터넷뱅킹 무료 신청 가능	• 일본 어디에나 지점이 있음 • 편의점 ATM기기 사용 가능 • 은행 내 ATM기기 이용시간 중에는 입출금 수수료 무료 • 월말 잔고가 10만 엔 이상 있는 경우 시간 외 및 편의점 ATM기기 수수료를 4회까지 면제 • 수수료가 저렴한 인터넷뱅킹 무료 신청 가능
계좌 개설 방법	• 창구, 우편, 은행 내 설치된 TV 전화로 수속 • 자필 신청서 • 계좌 개설까지 1주일	• 창구, 인터넷, 스마트폰 애플리케이션으로 수속 • 자필 신청서 • 계좌 개설까지 1~2주일

	미쓰이스미토모은행	우체국은행
계좌 개설 장점	• 일본 어디에나 지점이 있음 • 편의점 ATM기기 사용 가능 • 은행 내 ATM기기 이용시간 중에는 입출금 수수료 무료 • 급여 통장으로 사용하는 경우 은행 내 ATM기기 이용시간 중 수수료 무료, 편의점 ATM기기 수수료 4회까지 무료 • 수수료가 저렴한 인터넷뱅킹 무료 신청 가능	• 일본 전국에 지점이 있음 • 편의점 ATM기기 사용 가능 • 은행 내의 ATM기기 이용시간 중 입출금수수료 무료 • 우체국은행 계좌 간 송금은 월 5회까지 수수료 무료 • 재류기간이 6개월 미만이라도 계좌 개설 가능(단, 기능 제한 있음) • 외국인은 인감이 없어도 서명으로 계좌 개설 가능
계좌 개설 방법	• 창구, 인터넷, 스마트폰 애플리케이션으로 수속 • 자필 신청서 • 계좌 개설까지 2~3주일	• 본인이 직접 창구에서 접수 • 자필 신청서 • 계좌 개설까지 2주일

4부 일본의 기업문화, 그리고 생활

감사의 말

한국 청년들에게 양질의 일본 취업 기회를 제공하고자 마이나비그룹과 협력하는 고용노동부, 한국산업인력공단, 한국무역협회, 한국능률협회, 경기도일자리재단 관계자분들께 감사드린다. 그리고 항상 내 의견에 귀 기울여주며 국적, 나이, 성별을 막론하고 평등하게 도전의 기회를 준 마이나비의 하마다 노리히사 전무님께 감사의 말씀을 드린다. (いつも私の意見に耳を傾けていただき、平等に挑戦できる機会をくださったマイナビ浜田憲尚専務に感謝のお礼を申し上げます。) 고객이자 파트너로서 마이나비의 한국 인재 채용 기획을 지지해주신, 일본을 대표하는 모 광고 기업 인사부에게도 감사의 말씀을 전하고 싶다. (顧客でありまたパートナーとして、マイナビの韓国人材採用企画を支えてくださった、日本を代表する某広告大手の人事部様に感謝のお礼を申し上げます。) 마지막으로 일본 리쿠르팅 업계에서 쌓은 10년 이상의 경험과 지식을 이 책을 집필하는 데 선뜻 나눠준 마이나비코리아 임현록 팀장에게 감사의 말씀을 전한다.

일본에서 일하고 싶다면

1판 1쇄 펴냄 | 2019년 3월 12일

지은이 | 김보경
발행인 | 김병준
편 집 | 한의영
디자인 | 어나더페이퍼 · 이순연
마케팅 | 정현우
발행처 | 생각의힘

등록 | 2011. 10. 27. 제406-2011-000127호
주소 | 경기도 파주시 회동길 37-42 파주출판도시
전화 | 031-955-1318(편집), 031-955-1321(영업)
팩스 | 031-955-1322
전자우편 | tpbook1@tpbook.co.kr
홈페이지 | www.tpbook.co.kr

ISBN 979-11-85585-65-9 13320

이 도서의 국립중앙도서관 출판시도서목록(CIP)은
서지정보유통지원시스템 홈페이지(http://seoji.nl.go.kr)와
국가자료공동목록시스템(http://www.nl.go.kr/kolisnet)에서
이용하실 수 있습니다.(CIP제어번호: CIP 20190065953)